Sinn-volle Geschichten 3

99 Weisheiten, Erzählungen und Zitate, die berühren und inspirieren.

Gisela Rieger

ziel
Gelbe Reihe : Praktische Erlebnispädagogik

Wichtiger Hinweis des Verlags: Der Verlag hat sich bemüht, die Copyright-Inhaber aller verwendeten Zitate, Texte, Bilder, Abbildungen und Illustrationen zu ermitteln. Leider gelang dies nicht in allen Fällen. Sollten wir jemanden übergangen haben, so bitten wir die Copyright-Inhaber, sich mit uns in Verbindung zu setzen.

Inhalt und Form des vorliegenden Bandes liegen in der Verantwortung des Autors.

Bibliografische Information der Deutschen Nationalbibliothek
Die Deutsche Nationalbibliothek verzeichnet diese Publikation in der Deutschen Nationalbibliografie; detaillierte bibliografische Daten sind im Internet über *http://dnb.d-nb.de* abrufbar.

Printed in Germany

ISBN 978-3-940 562-93-7

Verlag:	ZIEL – Zentrum für interdisziplinäres erfahrungsorientiertes Lernen GmbH Zeuggasse 7–9, 86150 Augsburg, www.ziel-verlag.de 1. Auflage 2013
Grafik und Layoutgestaltung:	Friends Media Group GmbH Zeuggasse 7, 86150 Augsburg
Fotos und Abbildungen:	fotolia.com (lassedesignen; Ziablik; pashabo), Christina Sellner, Anja Steiner
Gesamtherstellung:	Friends Media Group GmbH www.friends-media-group.de

Gedruckt auf Recystar matt (100 % Altpapier, „Blauer Engel“)

INHALTSVERZEICHNIS

VORWORT

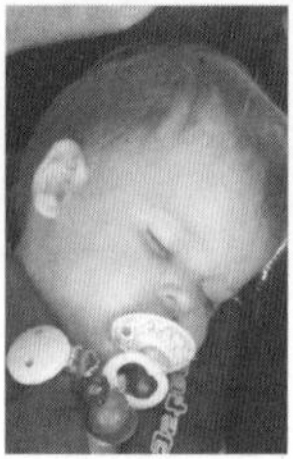

Kleinen Kindern erzählt man Geschichten zum Einschlafen.

Erwachsene lesen Geschichten zum „Aufwachen".

Gerade in unserem Medienzeitalter ist es wichtig, durch Geschichten wieder eigene Bilder entstehen zu lassen.

„Warum dir manche Menschen mit einem Lächeln begegnen"

So lautet der Titel der ersten Geschichte. Kennen Sie dies auch? Sie lächeln jemanden an und umgehend kommt ein Lächeln zurück!

„Mit einem Lächeln geht alles leichter" – es erfreut das Herz und erhellt den Tag.

In einer Statistik habe ich gelesen, dass Kinder bis zu 400 mal am Tag lachen – Erwachsene nur noch 15–20 mal.

Lassen Sie sich von so mancher Geschichte berühren und inspirieren. Lassen Sie Ihre Seele baumeln und tragen Sie Ihr Lächeln in die Welt.

Ganz herzlich möchte ich mich bei Sabina Hiller für die Unterstützung und das Korrekturlesen aller 3 Bände bedanken. Weiteren lieben Dank möchte ich meinen Leserinnen und Lesern aussprechen, von denen ich viele wundervolle und berührende Rückmeldungen bekam, die mein Herz sehr erfreuen.

Ein Feedback und eine Anregung, dass man die Bücher auch „Querlesen“ kann:

„Für mich ist es ein sehr schönes Ritual, den Tag mit einer Geschichte ausklingen zu lassen. Ich wähle eine nach dem „Zufallsprinzip“ und erstaunlicherweise war es bisher immer die richtige Geschichte: Sie rundet meine eigene Reflexion ab, betont manchmal einen Aspekt besonders oder lässt mich zufrieden lächelnd in den Schlaf gleiten.“

(Zarah Doris Flashberger)

Weiteres Feedback von Lesern, sowie Geschichten, finden Sie auf meiner Homepage www.gisela-rieger.de

Nun wünsche ich Ihnen viele freudvolle Momente beim Lesen.

Herzlichst Ihre
Gisela Rieger

WARUM DIR MANCHE MENSCHEN MIT EINEM LÄCHELN BEGEGNEN

Ein alter Mann saß vor den Toren einer Stadt. Alle Menschen, die in die Stadt gingen, kamen an ihm vorbei.

Ein Fremder blieb stehen und fragte den alten Mann:

„Du kannst mir sicher sagen, wie die Menschen in dieser Stadt sind?"

Der Alte sah ihn freundlich an: „Wie waren sie dort, wo du zuletzt warst?"

„Freundlich, hilfsbereit und großzügig. Sehr angenehme Menschen", antwortete der Fremde.

„Genau so sind sie in dieser Stadt!" Das freute den Fremden und mit einem Lächeln ging er durch das Tor.

Später kam ein anderer Fremder zum alten Mann.

„Sag mir Alter, wie sind die Menschen in dieser Stadt?"

Der Alte fragte auch ihn: „Wie waren sie dort, wo du zuletzt warst?"

„Furchtbar! Unfreundlich und arrogant."

Der alte Mann antwortete: „Ich fürchte, so sind sie auch in dieser Stadt!"

Oft spiegeln dir die Mitmenschen dein eigenes Verhalten wieder.
Wem bist du heute schon mit einem Lächeln begegnet?

Quelle: unbekannt, abgeändert von Christina Sellner
Stichwörter: Freundlichkeit, Lächeln, Sichtweisen

DER WAHRE WERT DES RINGS

Ein junger Mann ersuchte einen Weisen um Hilfe.

„Meister, ich bin gekommen, weil ich mich so wertlos fühle, dass ich überhaupt nichts mehr mit mir anzufangen weiß. Man sagt, ich sei ein Nichtsnutz, was ich anstelle mache ich falsch, ich sei ungeschickt und dumm noch dazu. Meister sagt mir, wie kann ich ein besserer Mensch werden? Was kann ich tun, damit die Leute eine höhere Meinung von mir bekommen?"

Der Meister zog einen Ring vom kleinen Finger seiner linken Hand, gab ihn dem Jungen und sagte: „Nimm das Pferd, das draußen bereitsteht, und reite zum Markt und verkaufe diesen Ring. Du musst unbedingt den bestmöglichsten Preis dafür erzielen, und verkauf ihn auf keinen Fall für weniger als ein Goldstück."

Der Junge nahm den Ring und machte sich auf den Weg. Kaum auf dem Markt angekommen, pries er ihn den Händlern an, die ihn mit einigem Interesse begutachteten, bis der Junge den verlangten Preis nannte.

Als er das Goldstück ins Spiel brachte, lachten einige, die anderen wandten sich gleich ab, und nur ein einziger alter Mann war höflich genug, ihm zu erklären, dass ein Goldstück viel zu wertvoll sei, um es gegen einen Ring einzutauschen.

Nachdem er das Schmuckstück jedem einzelnen Marktbesucher gezeigt hatte, der seinen Weg kreuzte – und das waren nicht weniger als hundert –, stieg er, von seinem Misserfolg vollkommen niedergeschlagen, auf sein Pferd und kehrte zurück. ◄

„Meister", sagte er, „es tut mir leid. Das, worum du mich gebeten hast, kann ich unmöglich leisten. Vielleicht hätte ich zwei oder drei Silberstücke dafür bekommen können, aber es ist mir nicht gelungen, jemanden über den wahren Wert des Ringes hinwegzutäuschen."

„Was du sagst, ist sehr wichtig, mein junger Freund", antwortete der Meister mit einem Lächeln. „Wir müssen zuerst den wahren Wert des Rings in Erfahrung bringen. Steig wieder auf dein Pferd und reite zum Schmuckhändler. Wer könnte den Wert des Rings besser einschätzen als er? Sag ihm, dass du den Ring verkaufen möchtest, und frag ihn, wie viel er dir dafür gibt. Aber was immer er dir auch dafür bietet: Du verkaufst ihn nicht. Kehr mit dem Ring hierher zurück."

Und erneut machte sich der Junge auf den Weg. Der Schmuckhändler untersuchte den Ring im Licht einer Öllampe, er besah ihn durch seine Lupe, wog ihn und sagte:

„Mein Junge, richte dem Meister aus, wenn er jetzt gleich verkaufen will, kann ich ihm nicht mehr als achtundfünfzig Goldstücke für seinen Ring geben."

„Achtundfünfzig Goldstücke?", rief der Junge aus.

„Ja", antwortete der Schmuckhändler. „Ich weiß, dass man mit etwas Geduld sicherlich bis zu siebzig Goldstücke dafür bekommen kann."

Aufgewühlt eilte der Junge in das Haus des Meisters zurück und erzählte ihm, was geschehen war. „Setz dich", sagte der Meister, nachdem er ihn angehört hatte. „Du bist wie dieser Ring: ein Schmuckstück, kostbar und einzigartig. Und genau wie bei diesem Ring kann deinen wahren Wert nur ein Fachmann erkennen. Warum irrst du also durch dein Leben und erwartest, dass jeder x-beliebige um deinen Wert weiß?"

Und noch während er dies sagte, streifte er sich lächelnd den Ring wieder über den kleinen Finger der linken Hand. ◀

Quelle: Jorge Bucay, aus „Komm, ich erzähl dir eine Geschichte" – verkürzt und abgeändert RG
Stichwörter: Anerkennung, Selbstbild, Weisheit

ES GIBT MENSCHEN ...

Es gibt Menschen, die den ganzen Tag arbeiten,

andere, die den ganzen Tag träumen,

und schließlich diejenigen, die eine Stunde träumen,

die Ärmel hochkrempeln und sich ihre Träume erfüllen. ◀

Verfasser: Stephe Ross, US Top-Manager
Stichwörter: Arbeit, Träume, Selbstverwirklichung

ETHIK ODER DIE 101. KUH

Vor Jahren wurden zur Eröffnung eines Symposiums zum Thema „Wirtschaftsethik“ zwei Persönlichkeiten eingeladen: ein Mann und eine Frau. Er: einer der Wirtschaftsleaders weltweit – erfolgreich, etabliert, eloquent.

Sie: eine Frau, die es als Wissenschaftlerin zu hohen akademischen Würden gebracht hatte – erfolgreich und etabliert, ja, aber nicht unbedingt eloquent.

Der Wirtschaftsführer kam zuerst; er sprach, stand frei und wusste um die Wirkung seines Aussehens sowie seiner Worte. Ganz anders die Wissenschaftlerin: ihre Körperhaltung, die leise Stimme und eine gewisse Unbeholfenheit signalisierten, dass sie „eigentlich“ gar nicht am Rednerpult stehen wollte (sondern dort eher Zuflucht suchte) und 300 Zuhörern „eigentlich“ gar nichts zu sagen hatte, sich aber verantwortungsbewusst ihrer Aufgabe entledigen wollte. Schwierig für sie, nach ihrem Vorredner aufzutreten, dessen geschliffenes Wirtschaftsvokabular und souveräne Vortragsweise alle beeindruckt hatte.

Nachdem man sich an ihre eher leise Stimme und ihre sparsame Sprache gewöhnt hatte, begann man sich langsam für den Inhalt ihrer Ausführungen zu interessieren. Aber plötzlich hörte man ihr gebannt zu, denn sie zog ihr Publikum in eine Geschichte hinein – eine einfache, kurze Geschichte, mit der sie in ein paar Worten erklärte, was Ethik ist:

In einem Dorf gibt es 100 Bauern, die vereinbart haben, dass jeder täglich eine Kuh auf die Allmend schicken darf. Das funktioniert sehr gut über einen längeren Zeitraum. Eines Tages jedoch sieht ein Bauer, wie sein Nachbar nicht nur eine Kuh, sondern zwei Kühe in die vorbeiziehende Herde schiebt. Er traut seinen Augen nicht, möchte aber ganz sicher gehen. Also steht er am nächsten Morgen um dieselbe Zeit wieder am Fenster und siehe da: Wiederum sind es zwei Kühe, die der Nachbar aus dem Stall lässt. Der Bauer ist empört, aber nicht lange. Sehr bald nämlich kommt ihm eine Idee: „Wenn das mit den zwei Kühen bisher bei meinem Nachbarn gut gegangen ist, dann wird es sicher auch nichts ausmachen, wenn ich täglich eine zweite Kuh auf die Allmend schicke." Gedacht, getan – und so sind es nun 102 Kühe, die dieselbe Futtermenge beanspruchen.

Natürlich bleibt das nicht lange unbemerkt, und jede Woche gibt es mehr Kühe auf der Weide, die für 100 von ihnen reichlich Nahrung spendete, für 120, 130 oder gar 150 jedoch nicht mehr brauchbar ist. Und so bricht nach einer gewissen Zeit ein System zusammen, dessen Basis Anständigkeit, Ehrlichkeit und Vertrauen waren.

„Ethik, meine Damen und Herren", kam die Rednerin zum Schluss ihrer Ausführungen, „ist also ganz einfach: Es ist nicht die Menge der Kühe, die die Allmend ruiniert, sondern die 101. Kuh. Ein Einzelner, der das System unterwandert, genügt, um es zusammenbrechen zu lassen."

Der Applaus war lang und herzlich, aber das schönste Kompliment hat sie gar nicht mitbekommen: Während der drei Tage des Symposiums sind nicht einmal die geschliffenen Worte des Wirtschaftsführers zitiert worden, aber alle haben dauernd von der 101. Kuh gesprochen. ◀

Quelle: Dr. Monique R. Siegel
Stichwörter: Egoismus, Ehrlichkeit, Ethik

SIEGEN, OHNE ZU KÄMPFEN

Ein Zen-Mönch wird von seinem Roshi in ein benachbartes Kloster geschickt, um dem dortigen Roshi eine Schriftrolle zu überreichen. Der junge Mönch macht sich auf den Weg und gelangt an eine Brücke, die über einen reißenden Bach führt. Ein Schwertkämpfer verstellt ihm den Weg.

Es handelt sich um einen berühmten Krieger, der 100 Männer zum Schwertkampf herausfordern will, um sich zu beweisen, dass er der größte Krieger von allen ist. 99 Männer hat er schon getötet. Er reicht dem Mönch ein Schwert und fordert ihn zum Kampf heraus.

Der Mönch – sich seines Todes gewiss – sagt, dass er erst noch eine Schriftrolle in ein Kloster bringen müsse, danach aber zurückkehren wolle, um sich zu stellen, wenn ihn der Schwertkämpfer ziehen ließe.

Der Krieger weiß, dass Zen-Mönche Ehrenleute sind und dass sie ihr Wort halten. Also lässt er ihn gehen. Der Mönch erreicht das Kloster, übergibt die Rolle und erzählt dem dortigen Roshi von seiner Begegnung.

„Nun – Du hast Dein Wort gegeben – also musst Du zurückkehren und Dich stellen.“ „Ich werde aber sterben, denn ich kann kein Schwert führen“, sagt der Mönch. „Dann wirst Du eben sterben“, antwortet der Roshi, „ich gebe Dir jedoch einen Rat: Stelle Dich dem Kämpfer mit dem Schwert in der Hand, schließe die Augen und konzentriere Dich auf die Schädelmitte, wo Dich der eisige Stahl in zwei Hälften spalten wird.“

Der Mönch dankt dem Meister für den Rat und geht zurück zur Brücke. Der Krieger wartet schon auf ihn. Der Mönch nimmt das gebotene Schwert in die Hand, begibt sich in die Ausgangsposition eines Kriegers, schließt die Augen und konzentriert sich auf das Schädeldach. Die Konzentration ist so stark, dass darüber alle Angst vergeht und er ganz ruhig wird und einen tiefen inneren Frieden erlebt.

Der Krieger steht ihm gegenüber und wartet auf einen Angriff. Es passiert nichts. Er bekommt zunehmend Angst und verliert auch den Mut, als erster das Schwert zu erheben. Nach geraumer Zeit legt der Krieger dem Mönch sein Schwert zu Füßen, unterwirft sich und sagt: „Nur ein wahrer Meister der Schwertkunst kann es wagen, einem erfahrenen Krieger mit geschlossenen Augen gegenüberzutreten. Wahrlich – Du musst einer der größten Schwertkämpfer unseres Kaiserreiches sein.“ ◄

Quelle: Zen-Geschichte, umgeschrieben von Bernd Holzfuss
Stichwörter: Ehre, Kämpfen, Sieg

REICHTUM NAMENS „ZUFRIEDENHEIT"

Über eine alte Dame aus Arkansas: Der Staat hatte beschlossen, die Sozialhilfezahlungen für Mittellose zu erhöhen. In der Hoffnung auf eine herzzerreißende Story begab sich ein Fernsehreporter ins Hinterland, wo viele Sozialhilfeempfänger lebten.

Die alte Frau, die er für ein Interview auswählte, lebte in einer aus einem einzigen Raum bestehenden Hütte: zugig im Winter und stickig im Sommer. Ihr Bett bestand aus ein paar nackten Brettern, die zusammen genagelt worden waren, und einer Matratze aus Kiefernnadeln. Ein paar dünne Decken und ein kleiner Ofen konnten sie kaum vor der Kälte schützen.

Ihre Möbel – ein Tisch und zwei Stühle – waren aus demselben, rauen Holz hergestellt wie ihr Bett. Ein paar Regalbretter beherbergten ein paar Konservendosen aus dem Kramladen in etwa fünf Kilometern Entfernung. Mehrere Gläser mit Eingemachtem und ein paar Kürbisse vervollständigten ihre Vorräte.

Sie hatte keinen Kühlschrank. Der Ofen stellte die nötige Hitze zum Kochen bereit. Ohne Telefon oder Fernsehen bestand ihre einzige Verbindung zur Außenwelt in einem alten Radio, das an einem guten Tag zwei oder drei Lokalsender empfangen konnte.

Die alte Frau genoss jedoch einen Komfort: fließendes Wasser. Ein kristallklarer Bach plätscherte wenige Meter hinter ihrem Haus.

Ein kleiner Garten sorgte im Sommer für frisches Gemüse und ein paar Kürbisse und Rüben für den Winter. Ein gepflegter Blumengarten zierte die Front vor ihrem Heim.

Das Reporterteam kam an und stellte seine großen, teuren Kameras auf. Ihr mobiler Sender übertrug Bilder von der Frau und dem Ort, den sie ihr Zuhause nannte.

Schließlich fragte der Reporter die alte Frau: „Wenn die Regierung Ihnen monatlich 200 Dollar mehr zahlen würde, was würden Sie dann mit dem Geld machen?"

Ohne Zögern erwiderte die Frau: **„Es den Armen geben."**

Quelle: unbekannt
Stichwörter: Bescheidenheit, Hilfsbereitschaft, Selbstlosigkeit

AM LEBEN ERFREUEN

„Es gehört schon eine Menge Mut dazu, schlicht und einfach zu erklären, dass der Zweck des Lebens ist, sich seiner zu erfreuen."

Quelle: Laotse, chin. Philosoph , 570 bis ca. 490 v. Chr.
Stichwörter: Mut, Lebensqualität

ICH BIN HIER …

Ich bin hier, weil es letztlich kein Entrinnen vor mir selbst gibt.

Solange ich mir nicht selbst in den Augen und Herzen meiner Mitmenschen begegne, bin ich auf der Flucht.

Solange ich nicht zulasse, dass meine Mitmenschen an meinem Innersten teilhaben, gibt es für mich keine Geborgenheit.

Solange ich mich fürchte, durchschaut zu werden, kann ich weder mich selbst noch andere erkennen – ich werde allein sein.

Wo kann ich solch einen Spiegel finden, wenn nicht in unserer Gemeinsamkeit.

Hier in der Gemeinschaft kann ich erst richtig klar über mich werden und mich nicht mehr als den Riesen meiner Träume oder den Zwerg meiner Ängste sehen, sondern mich selbst – Teil eines Ganzen – zu ihrem Wohl einen Beitrag leisten.

In solchem Boden können wir Wurzeln schlagen und wachsen; nicht mehr allein – wie im Tod – sondern lebendig als Mensch unter Menschen. ◀

Verfasser: Richard Beauvais (1964)
Stichwörter: Bewusstheit, Weisheit

DAS BAND DER EINTRACHT

Ein Vater hatte sieben Söhne, die oft uneins waren. Über dem Zanken und Streiten versäumten sie die Arbeit. Ja, einige böse Menschen hatten im Sinne, diese Uneinigkeit zu benutzen, um die Söhne nach dem Tode des Vaters um ihr Erbteil zu bringen. Da ließ der alte Mann alle sieben Söhne zusammenkommen, legte ihnen sieben Stäbe vor, die fest zusammengebunden waren, und sagte: „Dem von euch, der dieses Bündel Stäbe zerbricht, zahle ich hundert große Taler."

Einer nach dem anderen strengte alle seine Kräfte an und jeder sagte nach langem vergeblichen Bemühen: „Es ist nicht möglich!" „Und doch", sagte der Vater, „ist nichts leichter!" Er löste das Bündel auf und zerbrach einen Stab nach dem anderen mit geringer Mühe. „Ei", riefen die Söhne, „so ist es freilich leicht, so könnte es ein kleiner Knabe!"

Der Vater aber sprach: „Wie es mit diesen Stäben ist, so ist es auch mit euch, meine Söhne. Solange ihr fest zusammenhaltet, werdet ihr bestehen und niemand wird euch überwältigen können. Wird aber das Band der Eintracht, das euch verbinden soll, aufgelöst, so geht es euch wie den Stäben, die hier zerbrochen auf dem Boden liegen." ◄

Quelle: Aus China
Stichwörter: Eintracht, Familie, Kooperation

FÜNFZIG JAHRE HÖFLICHKEIT

Ein älteres Ehepaar feierte nach langen Ehejahren das Fest der Goldenen Hochzeit. Beim gemeinsamen Frühstück dachte die Frau: „Seit fünfzig Jahren habe ich immer auf meinen Mann Rücksicht genommen und ihm immer das knusprige Oberteil des Brötchens gegeben. Heute will ich mir endlich diese Delikatesse gönnen." Sie schmierte sich das Oberteil des Brötchens und gab das andere Teil ihrem Mann. Entgegen ihrer Erwartung war dieser hocherfreut, küsste ihre Hand und sagte: „Mein Liebling, du bereitest mir die größte Freude des Tages. Über 50 Jahre habe ich das Brötchen-Unterteil nicht mehr gegessen, das ich vom Brötchen doch am allerliebsten mag. Ich dachte mir immer, du solltest es haben, weil es dir so gut schmeckt."

Verfasser: unbekannt
Stichwörter: Ehe, Rücksicht, Gewohnheit, Kommunikation

DER SCHNITZER

Vor vielen hundert Jahren lebte in China ein kunstfreudiger Kaiser. Eines Tages hatte er den Wunsch, eine geschnitzte Pagode* zu erwerben. Er ließ einen jungen Mann kommen, der das Schnitzerhandwerk perfekt beherrschte, und gab ihm den Auftrag.

* Eine **Pagode** (chinesisch 塔 tǎ) ist ein markantes, mehrgeschossiges, turmartiges Bauwerk, dessen einzelne Geschosse meist durch vorragende Gesimse oder Dachvorsprünge voneinander getrennt sind.

Der Schnitzer machte sich mit großem Eifer ans Werk. Bei jedem Schnitt, den er in das weiche Holz führte, dachte er an den hohen Lohn, der seiner harrte. Nicht mehr lange und er würde ein reicher Mann sein und aller Sorgen ledig. Das Werk wuchs unter seiner Hand und wurde fertig. Er brachte es dem Kaiser. Der betrachtete es von allen Seiten, schüttelte den Kopf und gab es zurück.

Der junge Mann machte sich ein zweites Mal an die Arbeit. Er träumte von dem Ruhm, den er ernten werde, wenn die Welt erführe, dass der Kaiser eine von seiner Hand geschnitzte Pagode besäße. Als er nach langen Monaten harter Arbeit fertig war, brachte er das Werk seinem Herrn. Doch dieser nahm es abermals nicht an.

Ein drittes Mal setzte sich der Künstler hin, und wieder verflossen unter seinen fleißigen Händen die Monate. Sein schönster Gedanke war die Gunst der Frauen, die er finden werde. Die Pagode trat aus dem ungeformten Material, und voller Stolz brachte er sie dem Kaiser. Aber sie war nicht gut.

Da ging der junge Mann betrübt nach Hause, nahm sein Messer und setzte sich zum vierten Male nieder. Er wünschte nichts anderes, als die schönste Pagode zustande zu bringen, die jemals ein Mensch geschaffen hat. Es wurde Winter und es wurde Frühling und Sommer, und als sich die Tage verkürzten, war die Pagode fertig. Der Kaiser erhob sich von seinem Thron, als er sie sah, denn sie war herrlich.

Der Künstler aber erhielt nun alles, woran er im letzten Jahr nicht gedacht hatte: Reichtum, Ruhm und Liebe. ◄

Verfasser unbekannt – Aus China
Stichwörter: Arbeit, Fachmann, Fähigkeit

WISSEN IST EIN SCHATZ, DEN DIR KEINER NEHMEN KANN…

Der beste Traktor eines großen Bauern ließ sich nicht mehr starten. Alle Reparaturversuche des Bauern und der umliegenden Werkstätten misslangen. Die Zeit drängte, da die Ernte einzubringen war.

Schließlich rang sich der Bauer durch, einen Experten aus der Großstadt zu rufen. Dieser begutachtete kurz den Traktor, öffnete die Motorhaube, drehte an ein paar Schrauben, betätigte den Anlasser und zur großen Freude des Bauern sprang der Traktor umgehend wieder an. Der Motor tuckerte, als wäre er nie kaputt gewesen.

Als der Experte dem Bauern die Rechnung ausschrieb, wurde dieser sehr ärgerlich: „Was, du willst 250.– Euro, wo du doch keine 5 Minuten für die Reparatur gebraucht hast!?“ „Lieber Freund“, antwortete der Experte, „für die Reparatur berechne ich dir 10 Euro, für die Anfahrt zu deinem Hof 40 Euro, 200 Euro sind für das Wissen, das notwendig war, um den Fehler wieder beheben zu können!“ ◄

Quelle: unbekannt – umgeschrieben RG
Stichwörter: Arbeit, Experte-Fachmann, Wissen

VON EINEM JUNGEN, DESSEN GRÖSSTE SCHWÄCHE ZUGLEICH AUCH SEINE GRÖSSTE STÄRKE WAR

Manchmal kann unsere größte Schwäche auch unsere größte Stärke sein. So etwa bei jenem Jungen, der im Alter von 10 Jahren beschloss, Judo zu lernen, obwohl er bei einem Verkehrsunfall seinen linken Arm verloren hatte. Der Junge nahm Judo-Unterricht bei einem Judo-Meister. Er lernte schnell, verstand aber nicht, warum ihm der Meister nach 3 Monaten nur einen einzigen Griff beigebracht hatte. „Meister", sagte er, „sollte ich nicht mehr Griffe lernen?" Der Meister antwortete: „Das ist der einzige Griff, den du kennen musst." Der Junge verstand den Meister nicht, aber er trainierte diesen einen Griff weiter. Monate später nahm der Junge das erste Mal an einem Turnier teil. Zu seinem Erstaunen gewann er die ersten beiden Kämpfe ohne große Mühe. Beim dritten Kampf hatte er etwas mehr Mühe, aber schließlich gewann er auch diesen mit seinem einzigen Griff, den er kannte. Er hatte es bis in die Endrunde geschafft. Hier traf er auf einen Gegner, der sehr viel größer, stärker und erfahrener war als er. Zunächst schien es, als habe er keine Chance. Der Schiedsrichter hatte sogar Angst, dass sich der Junge verletzen könnte und wollte den Kampf absagen. Der Meister aber beharrte darauf, dass der Junge weiterkämpfen sollte. Kurz nach Wiederaufnahme des Kampfes machte der Gegner einen Fehler, den der Junge nutzte, um seinen Griff anzubringen. Der Junge gewann das Turnier. Auf dem Nachhauseweg gingen der Meister und der Junge nochmals alle Kämpfe durch und analysierten sie. Der Junge nahm all seinen Mut zusammen und fragte den Meister: „Meister, wie konnte ich das Turnier nur mit einem einzigen Griff gewinnen?"

„Aus zwei Gründen“, antwortete der Meister. „Erstens beherrschst du einen der schwierigsten Würfe des Judo meisterhaft. Und zweitens besteht die einzige Verteidigung gegen diesen Griff darin, dass dein Gegner deinen linken Arm fassen kann.“ Die größte Schwäche des Jungen war zugleich seine größte Stärke. ◄

Quelle: unbekannt
Stichwörter: Behinderung, Blick für das Wesentliche, Chancen, Erkenntnis

UNMÖGLICHES ERREICHEN

Beginne mit dem Notwendigen!

Dann mit dem Möglichen!

Und plötzlich wirst du das Unmögliche tun. ◄

Quelle: Franz von Assisi, Heiliger
Stichwörter: Erfolg, Lebensqualität, Weitblick

WAS IST DIE ALTERNATIVE?

Ein Mann kam zum Rabbi und fragte: „Rabbi, sag mir bitte: Was ist eine Alternative?"

Der Rabbi zögerte etwas, studierte aufmerksam das Gesicht des Fragenden und sprach dann: „Eine Alternative? Nun, das ist nicht so einfach. Ich will dir ein Beispiel geben: Angenommen, nur einmal angenommen, du hast ein Huhn. So ein Huhn kannst du schlachten, und dann hast du eine schöne Hühnersuppe oder einen Hühnerbraten. Du kannst allerdings auch warten, bis dein Huhn ein Ei legt. Dann hast du ein Huhn und ein Ei."

„Aha", sagte der Fragende und ein erkennendes Leuchten zeigte sich auf seinem Gesicht, „das ist also eine Alternative."

„Moment, warte mal ab", sagte der Rabbi, „die Geschichte ist noch nicht zu Ende. Nehmen wir einmal mal an, du entscheidest dich fürs Eierlegen. Dann hast du irgendwann ein Huhn und ein Ei. So ein frisches Ei, das gibt ein schönes Frühstücksei. Oder du kannst das Huhn natürlich auch brüten lassen. Dann hast du irgendwann zwei Hühner."

Die Augen des Fragenden leuchteten auf: „Aha, das ist also eine Alterna …"

„Moment, Moment", unterbrach ihn der Rabbi. „Die Geschichte ist noch nicht zu Ende. Nehmen wir an, du entscheidest dich fürs Brüten. Dann hast du also zwei Hühner und irgendwann hast du acht Hühner und später dann sogar über 100. Wenn jemand 100 Hühner hat, dann kann er sich überlegen, ob es nicht Zeit ist, eine Hühnerfarm zu errichten. Bei einer Hühnerfarm gibt es nun wieder unterschiedliche Möglichkeiten. Ich kann natürlich so eine Farm neben meinem Wohnhaus bauen. Das hat gewisse Vorteile: Man ist dicht dabei, man überblickt alles und man hat immer die ganz frischen Eier.

Allerdings sollte man die Geruchsbelästigung in Betracht ziehen. Die andere Möglichkeit ist, ins nahe gelegene Flusstal zu gehen. Dort haben die Hühner ideale Bedingungen, frisches Wasser und saftiges Gras. Allerdings – man ist natürlich nicht dabei. Vielleicht kommt nachts einmal der Fuchs oder ein Marder, und eines Morgens sind alle Tiere tot."

„Aha, das also ist…"

„Moment, Moment", sagte der Rabbi. „Nicht so schnell, denn die Geschichte ist noch nicht zu Ende. Nehmen wir mal an, du entscheidest dich für das Flusstal. Die Hühner haben ideale Bedingungen und die Farm wächst und gedeiht: 100 Hühner, 200 Hühner, 500 Hühner und schließlich über 1000 Hühner. Das wird die größte und beste Hühnerfarm weit und breit. Dann beginnt es irgendwann zu regnen. Es regnet und regnet und regnet. Das ist sehr ungewöhnlich für diese Region. Aber es regnet und hört nicht mehr auf. Das Wasser des Flusses steigt und steigt und steigt. Und schließlich überflutet das Wasser die Dämme und damit auch deine Hühnerfarm und alle Hühner sind tot."

An dieser Stelle stoppte der Rabbi unvermittelt und schwieg.

Der Mann wartete ein Weilchen und fragte dann ratlos: „Na und? Wo ist jetzt hier die Alternative…?"

Der Rabbi antwortete: „Die Alternative? Enten, mein Lieber, Enten!" ◀

Quelle: unbekannt
Stichwörter: Alternative, Sichtweisen, Weitblick

Im Leben gibt es meistens zwei oder mehrere Alternativen – sieh es positiv – du hast die Wahl und kannst entscheiden.

WIE VIEL ARBEIT FÜR EIN BROT?

Ein englischer Journalist kaufte ein Dreipfundbrot und stellte sich an belebte Straßen verschiedener Städte. Er forderte die Vorübergehenden auf, für dieses Brot eine Stunde zu arbeiten.

Hamburg: Hier wurde er ausgelacht!

New York: Hier wurde er von der Polizei festgenommen!

Zürich: Hier wurde er in die Psychiatrie gebracht!

Nigeria: Hier waren mehrere bereit, für dieses Brot 5 Stunden zu arbeiten!

Neu-Dehli: Hier wollten hundert Personen einen Tag für dieses Brot arbeiten!

Quelle: Von Gregor Müller
Stichwörter: Arbeit, Armut, Natur des Menschen

JENE DIE NICHT BEREIT SIND ...

Jene, die nicht bereit sind ihr Denken zu ändern,
vermögen überhaupt nie etwas zu ändern.

Verfasser: George Bernard Shaw, Literaturnobelpreisträger
Stichwörter: Denken, Einstellung, Handeln

DAS BESONDERE SENFKORN

Eine Frau, deren Sohn tödlich verunglückt war, wusste sich in ihrer Trauer keinen Rat mehr. Sie suchte einen weisen Mann auf und fragte ihn:

„Sag mir, wie kann ich meinen Schmerz lindern?“ Der Weise antwortete ihr: „Bring mir ein Senfkorn aus einem Haus, deren Bewohner noch kein Leid kennen gelernt haben! Damit kann ich dich von deinem Schmerz befreien.“

Die Frau machte sich auf die Suche nach einem solchen besonderen Senfkorn. Sie kam an einem prächtiges Haus, klopfte und brachte ihre Bitte vor: „Ich suche ein Haus, das niemals Leid erfahren hat, bin ich bei euch richtig? Es ist sehr wichtig für mich!“

Aber die Bewohner des schönen Hauses erzählten von all dem Unglück, das sich gerade bei ihnen ereignet hatte. Die Frau dachte bei sich: „Wer kann diesen unglücklichen Menschen besser helfen als ich, die ich auch so tief in Not geraten bin!“

Sie blieb und tröstete. Dann machte sie sich weiter auf die Suche nach einem Haus ohne Leid. Aber wohin sie sich auch wandte, kleine Hütten, riesige Paläste, überall begegnete ihr Leid.

Schließlich beschäftigte sie sich nur noch mit dem Leid anderer Menschen, so dass sie ganz die Suche nach dem Senfkorn und auch den weisen Mann vergaß. Ihr war auch nicht bewusst, dass sie auf diese Weise tatsächlich den Schmerz und die Trauer aus ihrem Leben verbannt hatte. ◄

Verfasser: unbekannt – Chinesische Legende
Stichwörter: Hilfsbereitschaft, Trauer, Anteilnahme

ZUM JAHRESAUSKLANG

Es war an der Zeit das Neujahrsfest vorzubereiten. Der König wies seine Leute an: „Ich möchte, dass es ein wirklich königliches Fest wird. Die Gästeliste soll überquellen von illustren Persönlichkeiten. Die Tische sollen sich biegen unter Delikatessen, und der Wein soll nur aus erlesenen Trauben und besten Jahrgängen bestehen."

Die Mitarbeiter zogen aus und brachten aus allen Landesteilen nur das Köstlichste. Aber der König war nicht zufrieden zu stellen.

„Im letzten Jahr habe ich ein durch nichts zu überbietendes Fest gegeben. Aber die ganze Stadt sprach nur von dem Fest bei Ramun, dem Maler. Da wurde die ganze Nacht getrunken und gelacht bis zum Nachmittag des nächsten Tages. Im Jahr davor war es dasselbe. Ebenso im Jahr davor und davor. Einmal muss es mir doch gelingen, diesen Wurm zu übertrumpfen, denn ich, ich bin der König."

Einer der Mitarbeiter, ein kluger Mann, verneigte sich tief und fragte: „Mein König, habt Ihr je mit dem Maler gesprochen? Es muss doch einen Grund geben, warum die Leute sein Fest so lieben, obwohl sie in schäbiger Hütte ihre mitgebrachten Happen essen und den billigsten Wein trinken müssen."

Der König nickte stumm und sagte dann: „Gut, schafft mir diesen Ramun herbei!" Und so geschah es.

„Warum lieben die Menschen so dein Neujahrsfest?" fragte der König. Ramun antwortete: „Wir sind Freunde und schätzen einander – mehr brauchen wir nicht. Deshalb sind wir reich." ◀

Quelle: Geschichte aus dem alten Persien *Stichwörter: Freundschaft, Gastfreundschaft, Werte*

GLÜCK HAT SEINE GRUNDLAGE

Das Glück hat seine Grundlage in der Achtsamkeit.

Die erste Voraussetzung des Glücklichseins ist unser Bewusstsein, dass wir glücklich sind.

Wenn uns nicht bewusst ist, dass wir glücklich sind, sind wir es auch nicht wirklich.

Wenn uns ein Zahn weh tut, wissen wir, wie wunderbar es ist, keine Zahnschmerzen zu haben.

Wenn wir jedoch keine Zahnschmerzen haben, sind wir trotzdem nicht glücklich.

Nichtzahnschmerz ist etwas sehr Angenehmes.

Es gibt so viele genussreiche Dinge, aber ohne die Übung der Achtsamkeit wissen wir sie kaum zu schätzen.

Wenn wir Achtsamkeit üben, beginnen wir, diese Dinge in Ehren zu halten, und lernen, wie wir sie bewahren können.

Wenn wir uns gut auf den gegenwärtigen Moment einlassen, sorgen wir gleichzeitig auch für die Zukunft.

Für den zukünftigen Frieden arbeiten heißt, im gegenwärtigen Moment für den Frieden zu arbeiten." ◀

Quelle: Thich Nhat Hanh, über das Absichtslos sein in „Ich pflanze ein Lächeln"
Stichwörter: Achtsamkeit, Glück

DIE KIRCHE IST TOT

Eine Erzählung:

Kalte Gleichgültigkeit, das war die Atmosphäre hier in Yonderton, als Pfarrer Wright sein Amt antrat.

Am ersten Sonntag predigte er in einer völlig leeren Kirche. Am zweiten Sonntag war es genauso. Und wenn der Pfarrer an den Werktagen seine Gemeindemitglieder besuchte, erging es ihm nicht besser. „Die Kirche ist tot“, so sagte man ihm.

Aber am Donnerstag nach jenem zweiten trostlosen Sonntag geschah es, dass eine Todesanzeige in der Zeitung erschien. Dort konnte man lesen:

Mit dem Ausdruck tiefsten Bedauerns
und der Zustimmung meiner Gemeinde gebe ich
den ***Tod der Kirche zu Yonderton*** *bekannt.*
Die Trauerfeier findet am Sonntag um 11 Uhr statt.
Herbert Wright, Pfarrer zu Yonderton.

Die Anzeige löste lebhafte Diskussionen aus.

Am Sonntag war bereits um halb elf die Kirche gedrängt voll.

Als ich die Kirche betrat, sah ich einen Sarg auf einer Bahre vor dem Altar stehen. Pünktlich um 11 Uhr bestieg Pfarrer Wright die Kanzel:

„Meine Freunde, Sie haben mir klar gemacht, dass Sie überzeugt sind, unsere Kirche sei tot. Sie haben auch keine Hoffnung auf Wiederbelebung. Ich möchte nun diese Ihre Meinung auf eine letzte Probe stellen. Bitte gehen Sie einer nach dem anderen an diesem Sarg vorbei und sehen Sie sich die Tote an. Dann verlassen Sie die Kirche durch das Ostportal. Danach werde ich die Trauerfeier allein beschließen.

Sollten aber einige unter Ihnen Ihre Ansicht ändern und wären auch nur wenige der Meinung, eine Wiederbelebung der Kirche sei vielleicht doch möglich – dann bitte ich diese, durch das Nordportal wieder hereinzukommen. Statt der Trauerfeier würde ich dann einen Dankgottesdienst halten."

Ohne weitere Worte trat der Pfarrer an den Sarg und öffnete ihn.

Ich war einer der letzten in der Reihe vor dem Sarg. So hatte ich Zeit, darüber nachzudenken: „Was war eigentlich die Kirche? Wer würde wohl im Sarg liegen? Würde es vielleicht ein Bild des Gekreuzigten sein?" Die anderen in der Reihe dachten wohl ähnlich, ich merkte, wie uns ein Schaudern überkam, je mehr wir uns dem Sarg näherten. Zudem erschreckte uns ein Knarren und Quietschen. Die Tür des Nordportals drehte sich in ihren verrosteten Angeln. Herein trat eine kaum zu zählende Menge.

Nun war es soweit, dass ich die tote Kirche sehen sollte. Unwillkürlich schloss ich die Augen, als ich mich über den Sarg beugte. Als ich sie öffnete, sah ich mich selbst – im Spiegel. ◄

Verfasser: unbekannt
Stichwörter: Erkenntnis, Kirche, Kommunikation

DER GLÖCKNER

In der Kirche eines kleinen Ortes im Landesinneren Japans wohnte ein einfacher ungebildeter Mann, dessen Arbeit darin bestand, zu den vom Priester vorgegebenen Zeiten die Tempelglocken zu läuten.

Dann befand der Kaiser plötzlich, dass alle Tempelangestellten mindestens einen Grundschulabschluss haben müssten. Er glaubte, so die Menschen zum Schulbesuch bewegen zu können.

Doch für den Glöckner, der schon zu alt war, um noch einmal die Schulbank zu drücken, bedeutete dies das Ende seiner Arbeit.

Er erhielt eine kleine Entschädigung und die üblichen Dankesworte.

Als er nach der Verabschiedung eine Zigarette rauchen wollte, stellte er fest, dass seine Schachtel leer war. Er bat seine dort anwesenden Freunde, ihm eine Zigarette zu schenken, aber deren Päckchen waren ebenfalls leer. Es blieb ihnen nichts anderes übrig, als sich in die nahe gelegene kleine Stadt zu begeben, um Tabak zu kaufen.

„Du hast jetzt viel Zeit", sagte einer der Freunde. „Du könntest für uns alle Zigaretten kaufen, und wir zahlen dir eine kleine Kommission." Der ehemalige Glöckner begab sich nun regelmäßig in die Stadt, um Tabak zu kaufen. Dabei stellte er bald fest, dass auch viele andere Dinge in seinem kleinen Ort fehlten. Also brachte er auch Zündhölzer und Zeitungen mit. Schließlich nahmen die Bestellungen derart überhand, dass er einen kleinen Laden aufmachte.

Da er ein guter Mann war, dem daran gelegen war, seine Kunden zufrieden zu stellen, blühte und gedieh der Laden. Er weitete seine Geschäfte aus und wurde am Ende zu einem der angesehensten Unternehmer der Region.

Aber es ging viel Geld durch seine Hände, und eines Tages war es unumgänglich, ein Bankkonto zu eröffnen. Der Geschäftsführer der Bank empfing ihn mit offenen Armen.

Der alte Mann übergab ihm einen Beutel mit großen Banknoten, das Antragsformular wurde ausgefüllt, dann bat man ihn, zu unterzeichnen.

„Tut mir leid", sagte er, „ich kann nicht schreiben." Der Geschäftsführer war verblüfft. „Das heißt, Sie haben all das geschafft, obwohl sie Analphabet sind?"

„Ich habe es geschafft, weil ich mich bemüht und eingesetzt habe."

„Meinen Glückwunsch! Und all das, ohne eine Schule besucht zu haben. Stellen Sie sich einmal vor, was aus Ihrem Leben geworden wäre, wenn Sie in die vom Kaiser angeordnete Schule gegangen wären!" Der Alte lächelte. „Das kann ich mir sehr wohl vorstellen. Wäre ich zur Schule gegangen, würde ich noch immer die Glocken der Kirche in meinem Dorf läuten."

Quelle: unbekannt
Stichwörter: Arbeit, Erfolg, Kompetenz

DEN BESTEN SAMEN TEILEN

Ein Farmer, dessen Mais auf der staatlichen Landwirtschaftsmesse immer den ersten Preis gewann, hatte die Angewohnheit, seine besten Samen mit allen Farmern der Nachbarschaft zu teilen.

Als man ihn fragte, warum er das täte, sagte er: „Es liegt in meinem ureigensten Interesse! Der Wind trägt die Pollen von einem Feld zum anderen. Wenn also meine Nachbarn minderwertigen Mais züchten, vermindert die Kreuzbestäubung auch die Qualität meines Kornes. Darum liegt mir daran, dass sie nur den allerbesten anpflanzen."

Quelle: unbekannt
Stichwörter: Blick für das Wesentliche, Diplomatie, Qualität

DAS GRÖSSTE GLÜCK

Das größte Glück erfahren wir, wenn wir ohne Erwartung einer Gegenleistung geben und nicht im Gegenzug Liebe und Zuneigung fordern.

Quelle: Dalai Lama
Stichwörter: Bewusstheit, Glück, Weisheit

VOM DORFTROTTEL ZUM DORFWEISEN

In einem kleinen abgelegenen Dorf lebte vor langer Zeit ein Junge, der etwas anders war, als die anderen Dorfkinder. Er war etwas langsamer, ging allen Prügeleien aus dem Weg, verkroch sich stundenlang im Wald und sprach nur holprig und sehr wenig. Deshalb waren die Bewohner der Meinung, der Junge sei dumm und lachten ihn aus. Als er zu einem Mann herangewachsen war, galt er schon lange als Dorftrottel.

Er bemühte sich stets, so zu sein wie alle anderen und es jedem recht zu machen, aber er wurde immer gehänselt und verspottet.

Eines Tages kam ein großer Gelehrter in das Dorf. Er unterhielt sich mit den Dorfbewohnern und bekam von ihnen Speis und Trank. Alle Dorfbewohner waren der einhelligen Meinung, dass der Gelehrte ein sehr weiser Mann sei.

Da nahm der Dorftrottel all seinen Mut zusammen, suchte den weisen Mann auf und vertraute ihm sein jahrelanges Leid an.

Der Mann hörte aufmerksam zu und sagte schließlich: „Das kannst du leicht ändern. Mach es in Zukunft so: Wenn wieder einer etwas berichtet oder erzählt, musst du antworten: Das glaube ich nicht! Das musst du mir schon beweisen! – oder – Wie kannst du dir da so sicher sein?“

Der Gelehrte fuhr fort: „Und das Lustige daran ist, diese Fragen können meist nicht beantwortet werden und es gibt auch nichts zu beweisen. Wenn jemand zu dir sagt: Heute ist ein scheußlicher Regentag. Dann antworte ihm: Beweise mir, dass dies auch so ist!“

Der Dorftrottel nickte zustimmend.

„Und wenn jemand sagt: Das ist die schönste Blume, der prächtigste Gaul, das beste Mahl, die größte Liebe … Frag immer: wie kannst du dir so sicher sein? Kannst du das beweisen? Du wirst sehen, die Menschen werden sich daraufhin unterlegen fühlen."

Ein Jahr später kam der große Gelehrte auf seiner Wanderung wieder zum Dorf. Der frühere Dorftrottel war nun Vorsitzender des Dorfrates und galt im ganzen Dorf aufgrund seines Wissens und seiner Weisheit als besonders angesehen. Alle Jungfrauen eiferten um seine Gunst.

Als der ehemalige Dorftrottel und der Gelehrte zusammen saßen, berichtete er dem Gelehrten: „Es ist schon seltsam. Noch vor einem Jahr bin ich als Dorftrottel verspottet worden. Nun bin ich Vorsitzender des Dorfrates. Aber ich bin noch immer derselbe Mensch. Ich habe nur deinen Rat befolgt. Ich fordere die Menschen immer auf, mir zu beweisen, dass die Dinge wirklich so sind, wie sie sie sehen. Ich hätte niemals gedacht, dass es so einfach sei."

Da sah ihn der Gelehrte lange an und sprach endlich: „Was glaubst du, wie ich ein Gelehrter geworden bin?"

Quelle unbekannt – leicht abgeändert RG
Stichwörter: Natur des Menschen, Sichtweisen, Wahrnehmung

PERSPEKTIVEN

Wie zufriedenstellend und sinnstiftend es sein kann, die Dinge aus einer anderen Perspektive zu sehen, wurde mir klar, als ich mir, mehr zufällig als geplant, ein Fußballspiel zwischen zwei Mannschaften geistig behinderter Menschen ansah.

Das Spiel war viel flotter, als ich geglaubt hätte, und obwohl die eine Mannschaft nach „objektiven" Kriterien besser war, schoss das andere Team in allerletzter Sekunde das spielentscheidende Tor zum Unentschieden.

Ich war zunächst etwas enttäuscht über diesen nach meiner Meinung unbefriedigenden Ausgang, bis jedoch mein Blick auf den Tormann fiel.

Er machte richtiggehend Luftsprünge und rief:
„Alle haben gewonnen! Alle haben gewonnen!"

Das, was wir als unsere Wirklichkeit betrachten, ist in erster Linie davon abhängig, aus welcher Perspektive wir sie wahrnehmen. ◀

Verfasser: unbekannt
Stichwörter: Behinderung, Erkenntnis, Sieg

DIE LEERE TASSE

Eines Tages kam ein Schüler zum großen Meister. Er hatte schon so viel von dem weisen Mann gehört, dass er unbedingt nur bei ihm studieren wollte. Er hatte alle Angelegenheiten geregelt, sein Bündel geschnürt und war den Berg hinauf gekommen, was ihn mehrere Tage Fußmarsch gekostet hatte.

Als der junge Mann endlich bei dem Meister ankam, saß dieser im Lotussitz auf dem Boden und trank in Ruhe Tee. Er begrüßte ihn überschwänglich und erzählte diesem, was er bereits erfahren und schon gelernt hatte. Dann bat er den Meister, bei ihm weiterlernen zu dürfen.

Der Meister lächelte freundlich und sagte: „Komm in einem Monat wieder."

Von dieser Antwort verwirrt ging der junge Mann ins Tal zurück. Er diskutierte mit Freunden und Bekannten darüber, warum der Meister ihn wohl zurückgeschickt hatte.

Einen Monat später erklomm er erneut den Berg und fand den Meister wieder Tee trinkend am Boden vor.

Diesmal erzählte der Schüler von all den Hypothesen und Vermutungen, die er und seine Freunde darüber aufgestellt hatten, weshalb er ihn wohl fortgeschickt hatte. Und wieder bat er ihn, bei ihm lernen zu dürfen.

Der Meister lächelte ihn freundlich an und sagte: „Komm in einem Monat wieder."

Dieses Spiel wiederholte sich noch einige Male. Nach vielen vergeblichen Versuchen, machte sich der junge Mann ein letztes Mal auf, um zu dem Meister zu gehen. Als er diesmal beim Meister ankam und ihn wieder Tee trinkend vorfand, setzte er sich ihm gegenüber, lächelte und sagte nichts.

Nach einer Weile ging der Meister in seine Behausung und kam mit einer Tasse zurück. Er schenkte dem Schüler Tee ein und sagte dabei: „Jetzt kannst du hier bleiben, damit ich dich lehren kann. In ein volles Gefäß kann ich nichts füllen."

Quelle: unbekannt, leicht umgeschrieben RG
Stichwörter: Beharrlichkeit, Bildung, Erkenntnis

DAS LEIDEN DER STACHELSCHWEINE

Eine Gesellschaft von Stachelschweinen drängte sich an einem kalten Wintertage recht nahe zusammen, um sich durch die gegenseitige Wärme vor dem Erfrieren zu schützen.

Jedoch bald spürten sie die gegenseitigen Stacheln, und sie entfernten sich wieder voneinander. Wenn nun das Bedürfnis nach Wärme sie wieder näher zusammenbrachte, wiederholte sich jenes zweite Übel, so dass sie zwischen beiden Leiden hin- und her geworfen wurden, bis sie eine mäßige Entfernung voneinander herausgefunden hatten, in der sie es am besten aushalten konnten.

So ist es wohl auch bei den meisten von uns. Auch wenn man sich noch so gern hat, jeder braucht seinen Freiraum. Und diesen muss man erst herausfinden, bis man das Optimum an Nähe und Distanz gefunden hat.

Quelle: Philosoph Arthur Schopenhauer (1788–1860)
Stichwörter: Distanz, Nähe, Zusammenhalt

DIE PERFEKTE FRAU

Der Meister saß mit seinen Schülern zusammen. Da wurde ihm eine Frage gestellt: „Meister, warum hast du nie geheiratet?"

Der Meister überlegte kurz und antwortete: „An mir lag es nicht. Ich hatte mir vorgenommen, nur die perfekte Frau zu heiraten. Sie sollte schön, intelligent und lieb sein. So habe ich viele Jahre damit verbracht, eine solche Frau zu suchen."

„Und hast du sie gefunden?", wollte ein Schüler voreilig wissen.

„Ja, ich habe sie tatsächlich gefunden. Sie war perfekt und ich war so glücklich!"

„Und warum hast du sie dann nicht geheiratet?"

Der Meister seufzte: „Das wollte ich, doch sie suchte den perfekten Mann." ◀

Quelle: Persische Geschichte
Stichwörter: Erfahrung, Partnerschaft, Prinzipien

DER SCHULRAT KOMMT

In einer Kleinstadt hatte sich der Schulrat in der Grundschule angesagt, blieb aber unterwegs stehen, weil sein Auto streikte. Während der Schulrat noch ziemlich ratlos vor seinem Auto stand, kam ein Schuljunge vorbei, sah den hilflosen Mann und fragte, ob er helfen könne.

In seiner Not meinte der Schulrat: „Verstehst du denn etwas von Autos?"

Der Junge redete nicht lange, ließ sich Werkzeug geben, hantierte eine Weile unter geöffneter Motorhaube und bat, den Wagen noch einmal zu starten, und er lief wieder.

Der Schulrat bedankte sich bei dem Jungen, wollte dann aber doch wissen, warum er zu dieser Zeit nicht in der Schule sei.

„Nun", meinte der Junge, „heute kommt in unserer Schule der Schulrat zu Besuch, und weil ich der Dümmste in der Klasse bin, hat mich der Lehrer nach Hause geschickt." ◂

Quelle: Peter Graf von Eysselsberg
Stichwörter: Erkenntnis, Schule, Talent

DAS LICHT DER LEBENSFREUDE ERKENNEN UND WEITERGEBEN

Es war einmal der weise Herrscher Suleiman, der seinem Volk ein guter Führer war. Als er alt geworden und sein Körper gebrechlich war, kam der Anführer der bösen Geister zu ihm und fragte ihn: „Gebieter, hier bringe ich Euch die Zauberschale mit dem Wasser des Lebens. Wenn Ihr davon trinkt, werdet Ihr von all Euren Schmerzen befreit, Ihr werdet Euch wieder jung und frisch fühlen und dazu noch die Unsterblichkeit erlangen.

Der alte Herrscher war in seinen Handlungen stets bedächtig und vorsichtig. Der Gedanke schien ihm sehr verlockend, aber trotzdem befahl er seinen Wächtern, die ersten drei Männer die an seinem Palast vorbeiliefen, vor ihn zu führen. Es dauerte nicht lange, da standen ein tapferer Krieger, ein reicher Händler und ein armer Hirte vor ihm. Zuerst fragte Suleiman den tapferen Krieger: „Was glaubst du, werde ich glücklich sein, wenn ich aus der Zauberschale getrunken habe?"

Ohne einen Moment zu zögern, antwortete der Krieger: „Natürlich, Ihr werdet überglücklich sein, denn Euer Gebrechen wird von Euch fallen und Ihr werdet tausende und abertausende Jahre leben. Dann habt Ihr Zeit, alle Länder, die Ihr begehrt, zu erobern und zu besitzen. Wäre das nicht das größte Glück eines Herrschers?"

Als zweites fragte Suleiman den reichen Händler: „Was glaubst du, werde ich glücklich sein, wenn ich aus der Zauberschale getrunken habe?"

Ohne zu zaudern antwortete der: „Ja, Ihr werdet glücklich sein! Mit jedem Jahr wird Euer Reichtum größer werden, und in tausend Jahren werdet Ihr die ganze Welt besitzen. Ist es nicht ein unbeschreibliches Glück, reicher und reicher zu werden und zu wissen, dass alles Eures ist?"

Als letztes fragte er den armen Hirten: „Was glaubst du, werde ich glücklich sein, wenn ich aus der Zauberschale getrunken habe?"

Gelassen schaute der Hirte Suleiman an und entgegnete: „Herr, der Krieger und der Händler haben Euch nicht die ganze Wahrheit gesagt. Sie wollten Euch verschonen und haben dir etwas verschwiegen. Sie haben Euch zwar erklärt, warum Ihr glücklich sein werdet, aber sie haben Euch nicht wissen lassen, warum Ihr unglücklich sein werdet." Der Händler und der Krieger waren sehr erbost über dessen Worte und riefen: „Wie kannst du armer Tor es wagen, uns zu widersprechen. Wie könnte ein Herrscher, der die Unsterblichkeit erlangt, unglücklich sein?"

„Höre mich, oh Gebieter", sagte der Hirte immer noch gelassen. „Ihr trinkt einen Schluck vom Wasser des Lebens und erlangt ewiges Leben. Es wird aber der Tag kommen, an dem Eure geliebte Frau sterben wird. Jeder weiß, wie sehr Ihr sie liebt, Ihr aber lebt weiter und seht, wie sich Euer Reichtum vermehrt. Aber ihren Platz wird keine zweite Frau in Eurem Leben ersetzen können. Und eines späteren Tages werden Eure geliebten Kinder sterben. Ihr freut Euch zwar Eurer Macht, aber wem wollt Ihr Eure Reiche vererben, jetzt wo Eure Kinder tot sind? Auch Eure Kindeskinder werden sterben und Ihr seid alleine. Ihr könnt dann alle Eure Schätze zählen, aber es wird keiner da sein, der sich mit Euch freut, denn auch Eure Freunde werden sterben. Und es wird der Tag kommen, an dem Ihr Euch nach Eurer Frau, Euren Kindern,

Euren Kindeskindern und Euren Freunden sehnen werdet. Das ist das, was Euch der Kaufmann und der Krieger verschwiegen haben. Aber nun trinkt vom Wasser des Lebens, damit Ihr Unsterblichkeit erlangt."

„Um nichts in der Welt!", rief da Suleiman entsetzt aus. „Was habe ich davon zu leben und ein großes Reich zu besitzen, wenn meine Frau und meine geliebten Kinder nicht bei mir sind? Wie soll ich mich an all den Reichtümern freuen, wenn ich meine Familie betrauern muss? Und wozu all die Macht, wenn niemand da ist, mit dem ich sie teilen kann?"

Nachdem Suleiman diesen Satz ausgesprochen hatte, nahm er die Zauberschale vor den Augen des Kriegers, des Händlers und des Hirten und zerschmetterte sie mit aller Kraft auf dem Boden. Die Erde sog den Zaubertrank in sich ein. ◄

Quelle: Geschichte von Sabine Coners, diese wurde im Rahmen Ihrer NLP-Masterarbeit am NLP-Coaching Institut Kassel veröffentlicht.
Stichwörter: Ratschläge, Unsterblichkeit, Weitblick

ARME LEUTE ...?

Eines Tages nahm ein Mann seinen Sohn mit aufs Land, um ihm zu zeigen, wie arme Leute leben. Vater und Sohn verbrachten einen Tag und eine Nacht auf der Farm einer sehr armen Familie.

Als sie wieder zurückkehrten, fragte der Vater seinen Sohn: „Wie war dieser Ausflug?" „Sehr interessant!", antwortete der Sohn.

„Und hast du gesehen, wie arm Menschen sein können?" „Oh ja, Vater, das habe ich gesehen."

„Was hast du also gelernt?", fragte der Vater. Und der Sohn antwortete: „Ich habe gesehen, dass wir einen Hund haben und die Leute auf der Farm haben vier. Wir haben einen Swimmingpool, der bis zur Mitte unseres Gartens reicht, und sie haben einen See, der gar nicht mehr aufhört. Wir haben prächtige Lampen in unserem Garten und sie haben die Sterne. Unsere Terrasse reicht bis zum Vorgarten und sie haben den ganzen Horizont."

Der Vater war sprachlos.

Und der Sohn fügte noch hinzu: „Danke Vater, dass du mir gezeigt hast, wie arm wir sind." ◄

Quelle: unbekannt
Stichwörter: Armut, Erkenntnis, Sichtweisen

DAS GEHEIMNIS DER ZUFRIEDENHEIT

Es kamen einmal ein paar Suchende zu einem alten Zenmeister.

„Herr, was tust Du, um glücklich und zufrieden zu sein?“, fragten sie. „Wir wären auch gerne so glücklich wie Du.“

Der Alte antwortete mit mildem Lächeln: „Wenn ich liege, dann liege ich. Wenn ich aufstehe, dann stehe ich auf. Wenn ich gehe, dann gehe ich und wenn ich esse, dann esse ich.“

Die Fragenden schauten etwas betreten in die Runde. Einer platzte heraus: „Bitte, treibe keinen Spott mit uns. Was Du sagst, tun wir auch. Wir schlafen, essen und gehen. Aber wir sind nicht glücklich. Was ist also Dein Geheimnis?“

Es kam die gleiche Antwort: „Wenn ich liege, dann liege ich. Wenn ich aufstehe, dann stehe ich auf. Wenn ich gehe, dann gehe ich und wenn ich esse, dann esse ich.“

Die Unruhe und den Unmut der Suchenden spürend fügte der Meister nach einer Weile hinzu: „Sicher liegt auch Ihr und Ihr geht auch und Ihr esst. Aber während Ihr liegt, denkt Ihr schon ans Aufstehen. Während Ihr aufsteht, überlegt Ihr wohin Ihr geht und während Ihr geht, fragt Ihr Euch, was Ihr essen werdet. So sind Eure Gedanken ständig woanders und nicht da, wo Ihr gerade seid. In dem Schnittpunkt zwischen Vergangenheit und Zukunft findet das eigentliche Leben statt. Lasst Euch auf diesen nicht messbaren Augenblick ganz ein und Ihr habt die Chance, wirklich glücklich und zufrieden zu sein.“

Quelle: unbekannt
Stichwörter: Bewusstsein, Gegenwärtigkeit, Zufriedenheit

HOLZ SPALTEN

Zwei Männer spalteten den ganzen Tag lang Holz. Der eine arbeitete ohne Pausen durch und hatte am Abend einen ansehnlichen Stoß Scheite beisammen. Der andere hackte 50 Minuten und ruhte sich dann jeweils zehn Minuten aus und trotzdem war sein Stoß am Abend viel größer. „Wieso hast du mehr als ich?“, fragte der erste. Da antwortete sein Kollege: „Weil ich mich in jeder Pause nicht nur ausgeruht, sondern auch meine Axt geschärft habe.“ ◀

Quelle: Thomas Bramwell Welch Jr.
Stichwörter: Arbeit, Leistung, Weitblick

ALTE WEISHEIT

Sage es mir und ich vergesse es.

Zeige es mir und ich erinnere mich.

Lass es mich erleben und ich behalte es. ◀

Quelle: Konfuzius, 551–479 v. Chr.
Stichwörter: Erkenntnis, Weisheit

OHNE WAFFEN KÄMPFEN

Als der berühmte Meister Tsukahara Bokuden einmal einen Fluss auf dem Floß überquerte, fand sich unter den Mitreisenden auch ein anmaßender Samurai: In einem fort prahlte er mit seinen Fähigkeiten und seiner Meisterschaft in der Fechtkunst. Seinen Worten zufolge war er der japanische Meister aller Kategorien. Alle schienen ihm zu glauben – in einer Mischung aus Bewunderung und Furcht. Alle? Nicht wirklich, denn Bokuden hielt sich im Abseits und zeigte sich von den Angebereien unberührt. Als der Samurai dies bemerkte, trat er an Bokuden heran und meinte etwas irritiert: „Du trägst auch zwei Schwerter. Wenn du Samurai bist, warum sagst du dann kein Wort?"

Ruhig antwortete Bokuden: „Deine Erzählungen betreffen mich nicht. Meine Kunst ist eine andere als deine. Bei ihr geht es nicht darum andere zu besiegen. Vielmehr geht es darum, nicht besiegt zu werden."

Der Samurai kratzte sich am Kopf und fragte: „Soso, und in welcher Schule hast du gelernt?" „In der Schule des Kampfes ohne Waffen." „Und warum trägst du dann Schwerter?" „Sie sollen mich daran hindern, meine Beherrschung zu verlieren und auf Provokationen einzugehen. Das ist eine große Herausforderung." Gereizt fuhr der Samurai fort: „Und du meinst wirklich, du kannst ohne Schwert mit mir kämpfen?" „Warum nicht? Möglicherweise würde ich sogar gewinnen." Außer sich vor Wut schrie der Herausforderer den Fährmann an, er solle sofort zum nächstgelegenen Ufer rudern. Bokuden schlug hingegen vor, lieber eine kleine unbewohnte Insel anzusteuern. Dort könnten sie in Ruhe den Kampf austragen, ohne Aufruhr zu verursachen. Der Samurai willigte ein. Sobald eine entsprechende Insel erreicht war, sprang der Samurai ans Ufer, um mit gezogenem Schwert seine Kampfbereitschaft zu demonstrieren.

Bokuden indes nahm sorgsam seine zwei Schwerter, gab sie dem Fährmann und schickte sich an, vom Floß zu steigen – doch plötzlich riss er den Stab des Fährmannes an sich, stieß schnell das Floß vom Ufer ab und schob es wieder in die Strömung. Dann wandte er sich dem zornig gestikulierenden Samurai der Insel zu und rief: „Siehst du – das meine ich damit, ohne Waffen zu siegen." ◀

Verfasser: Pascal Fauliot, aus Buch: Die Kunst zu siegen, ohne zu kämpfen
Stichwörter: Bewusstheit, Diplomatie, Kämpfen

ANGST VOR DEM ERTRINKEN

Der Meister hatte mit seinen jungen Schülern einen Ausflug gemacht.

Zur Rast setzten sie sich an das Ufer eines Flusses, das steil hinab ging.

Einer der Schüler fragte: „Sag Herr, wenn ich nun abrutschen würde und in den Fluss fiele, müsste ich dann ertrinken?"

„Nein", antwortete der Meister, „du ertrinkst nicht, wenn du in den Fluss fällst – du ertrinkst nur dann, wenn du drin bleibst." ◀

Quelle: Anthony de Mello
Stichwörter: Angst, Bewusstsein, Erkenntnis

ÜBER DAS GLÜCK ...

Ein Geschäftsmann kam zum Meister und wollte von ihm wissen, was das Geheimnis eines erfolgreichen Lebens sei.

Sagte der Meister: „Mach jeden Tag einen Menschen glücklich!"

Und er fügte nach einer Weile hinzu: „... selbst wenn dieser Mensch du selbst bist."

Und noch ein wenig später sagte er: „Vor allem, wenn dieser Mensch du selbst bist." ◀

Quelle: Anthony de Mello
Stichwörter: Erfolg, Glück, Weisheit

UNSER GLAUBE KANN BERGE VERSETZEN

Franziska war ein siebenjähriges Mädchen, als sie die Eltern über ihren kleinen Bruder Alex sprechen hörte. Sie wusste, dass er sehr krank war und dass sie überhaupt kein Geld mehr hatten.

Nächsten Monat sollten sie in eine kleinere Wohnung ziehen, denn Papa hatte nicht das Geld für die Arztrechnungen und das Haus. Nur eine teure Operation könnte ihn noch retten und es schien niemanden zu geben, der ihnen das Geld leihen würde. Sie hörte, wie der Vater ihrer tränenüberströmten Mutter mit hoffnungsloser Stimme sagte: „Nur ein Wunder kann ihn noch retten."

Franziska ging in ihr Zimmer und öffnete ihr Sparschwein. Sie schüttete all das Kleingeld auf den Fußboden und zählte es. Mit diesem Geld wollte sie ihrem Bruder helfen. Sorgfältig steckte sie die Münzen in einen Beutel und schlüpfte zur Haustür hinaus. Sie eilte zur nächsten Apotheke, der Inhaber war ein älterer Mann. Geduldig wartete sie, dass er sie bemerke, aber er hatte gerade viel zu tun.

Franziska machte mit ihren Füßen ein quietschendes Geräusch. Nichts. Sie räusperte sich – nichts tat sich.

Mutig leerte sie ihren Beutel Münzen auf den Glastresen. Das war erfolgreich! „Und was möchtest du?" fragte der Apotheker in gelangweiltem Ton. „Ich unterhalte mich gerade mit meinem Bruder aus Chicago, den ich schon ewig nicht mehr gesehen habe", sagte er ohne eine Antwort auf seine Frage abzuwarten.

„Ich möchte mit Ihnen über meinen Bruder sprechen", sagte Franziska. „Er ist wirklich sehr, sehr krank... und ich möchte ein Wunder kaufen." „ Wie bitte?", fragte der Apotheker. „Er heißt Alex und in seinem Kopf wächst etwas ganz Böses, und mein Papa sagt, nur ein Wunder kann ihn noch retten. Was kostet also ein Wunder?"

„Wir verkaufen hier keine Wunder, kleines Mädchen. Es tut mir leid, aber ich kann dir nicht helfen", sagte der Apotheker mit etwas freundlicherer Stimme. „Hören Sie, ich habe Geld, um es zu bezahlen. Sagen Sie mir nur, wieviel es kostet."

Der Bruder des Apothekers war ein gut angezogener Mann. Er beugte sich runter und fragte das kleine Mädchen: „Was für ein Wunder braucht dein Bruder denn?" „Ich weiß nicht", antwortete Franziska und ihre Augen füllten sich mit Tränen. „Ich weiß nur, dass er wirklich sehr krank ist und Mami sagt, er brauche eine Operation. Aber mein Papi kann sie nicht bezahlen, also möchte ich mein Geld dafür nehmen."

„Wie viel hast du?“, fragte der Mann aus Chicago. „7 Euro und elf Cents“, antwortete Franziska kaum hörbar.

„Nun, was für ein Zufall“, lächelte der Mann. „7 Euro und elf Cents – genau der Preis für ein Wunder.“

Er nahm sie an die Hand und sagte: „Zeige mir wo du wohnst. Ich möchte deinen Bruder sehen und deine Eltern kennenlernen. Wir wollen mal sehen, ob ich das Wunder habe, das du brauchst.“

Dieser Mann war ein weltweit berühmter Chirurg, spezialisiert auf Neuro-Chirurgie.

Die Operation wurde kostenlos durchgeführt, und es dauerte nicht lange, da war Alex wieder gesund zu Hause.

„Diese Operation“, flüsterte Mama glücklich als sie Alex ansah, „war ein wirkliches Wunder. Ich würde gerne wissen, was diese wohl gekostet hat.“

Franziska lächelte. Sie wusste genau, wie viel ein Wunder kostet … „7 Euro und elf Cents“... und den Glauben eines kleinen Kindes.

Quelle unbekannt – leicht abgeändert von Gisela Rieger
Stichwörter: Hilfsbereitschaft, Krankheit, Menschlichkeit, Wunder

DER MEISTER UND DAS MÄDCHEN

Ein Meister und sein Schüler kamen auf ihrer Wanderung zu einem Fluss. An seinem Ufer stand ein junges, hübsches Mädchen. Der Meister sah, dass der Fluss zu reißend war, als dass ihn das Mädchen ohne Hilfe überqueren könnte. So nahm er sie auf seinen Arm und trug sie ans andere Ufer. Dort setzte er sie ab und ging weiter.

Am Nachmittag fragte plötzlich der Schüler, der schon lange vor sich hin gegrübelt hatte: „Meister, wie konntest du? Es ist uns doch verboten, Kontakt zu Frauen zu haben!“ Darauf der Meister: „Ich habe die Frau am Ufer zurück gelassen. Trägst du sie immer noch?“

Quelle: Hortensia
Stichwörter: Hilfsbereitschaft, Toleranz, Sichtweisen

DAS MÄRCHEN VOM KLEINEN SENFKORN

Es war einmal ein alter Mann, der Zeit seines Lebens die ganze Welt bereist hatte. Von jedem Ort brachte er die unterschiedlichsten Samen fremder und exotischer Pflanzen mit. Er bewahrte sie alle in einer alten Holzkiste auf. Manchmal, wenn seine Enkel zu Besuch waren, öffnete er die Kiste und erzählte den Kindern Geschichten über die einzelnen Samen. Da gab es große und winzig kleine Samen, längliche und runde, grüne, blaue, rote und braune Samen. Oft stritten sich die Kinder darüber, welcher der Samen wohl der schönste und mächtigste sei. Einzig dem kleinen unscheinbaren gelben Senfkorn, das ganz unten in der Kiste lag, schenkten sie nie Beachtung. Doch eines Tages nahm der Großvater genau dieses Korn in die Hand.

Als seine Enkel es verwundert betrachteten, sagte er: „Dieses Senfkorn ist wohl das kleinste aller Samenkörner auf Erden. Doch wird es gesät und geht auf, so wird es größer als alle anderen Kräuter und treibt Zweige, so groß, dass die Vögel des Himmels unter seinem Schatten wohnen können."

Quelle: Gleichnis aus der Bibel, umgewandelt von Alice Bodnar
Stichwörter: Erkenntnis, Weitblick, Wachstum

In der Bibel steht das Senfkorn symbolisch für die Hoffnung.

EIN SCHÜLER KAM ZUM MEISTER

„Ach Herr“, stöhnte er, „um Euren Lehren zu folgen, ist so viel Veränderung nötig. Das ist mir eigentlich alles viel zu anstrengend. Ich glaube, ich werde das Studium hier beenden.“

Da schaute der Meister mit einem traurigen Blick auf seinen Schüler. „Kennst du die Geschichte von der Raupe?“, fragte er. Der Schüler verneinte.

„Es war einmal eine Raupe, die das Gefühl hatte, dass die Metamorphose zum Schmetterling zu anstrengend sei. Also beschloss sie, Raupe zu bleiben. Und während sie mühsam und langsam durchs Leben kroch, schaute sie immer mal wieder hinauf zu all den Schmetterlingen, die im Sommerwind von Blume zu Blume tanzten …“, erzählte der Meister die Geschichte.

„Und nun überleg wohl, ob der scheinbar einfachere Weg auch tatsächlich der einfachere ist.“

Wie hat sich wohl der Schüler entschieden? … ◀

Quelle: unbekannt
Stichwörter: Herausforderung, Wissen, Veränderung

DER HÖCHSTE LOHN ...

„Der höchste Lohn für unsere Bemühungen ist nicht was wir dafür bekommen, sondern das, was wir dadurch werden."

Verfasser: John Ruskin (1819 – 1900)
Stichwörter: Bemühung, Lohn, Persönlichkeit

NUTZEN DER SEHNSUCHT

Wenn Du ein Schiff bauen willst, so trommle nicht Männer zusammen, um Holz zu beschaffen, Werkzeuge vorzubereiten, Aufgaben zu vergeben und die Arbeit einzuteilen, sondern lehre die Männer die Sehnsucht nach dem weiten endlosen Meer.

Verfasser: Antoine de Saint-Exupéry, französischer Humanist und Schriftsteller, 1900–1944
Stichwörter: Begeisterung, Sehnsucht

DER VORAUSSCHAUENDE FROSCH

In einem außerordentlich heißen Sommer war ein tiefer Sumpf ausgetrocknet und die Frösche, die bisherigen Bewohner desselben, mussten sich nach einem anderen Wohnort umsehen.

Zwei von ihnen kamen auf ihrer Wanderschaft zu einem tiefen Brunnen, worin es noch Wasser gab.

„Ei! Sieh da!", rief der eine. „Warum wollen wir weitergehen? Lass uns hier hinunter hüpfen!"

„Halt!", antwortete der andere, „das Hinunterkommen ist zwar ganz leicht, aber wenn auch der Brunnen eintrocknet, wie willst du dann wieder herauskommen?"

Was dir heute nutzt, das kann dir morgen schaden, darum denke gut nach, bevor du handelst.

Quelle: Nach Aesop, griechischer Fabeldichter, um 550 v. Chr.
Stichwörter: Handeln, Nachdenken, Nutzen

VOM SINN DES LEBENS

Es war einmal ein König, dessen Leben von Schwermut gezeichnet war. Auf die dringenden Bitten seiner Berater hin, begab er sich auf die Suche nach dem Sinn des Lebens. Systematisch ließ er das Schloss durchkämmen und alle seine Bewohner befragen, jedoch ohne ersichtlichen Erfolg. Er entsendete Kundschafter bis in die entferntesten Ländereien, um nach dem Sinn des Lebens zu suchen. Es vergingen Wochen, Monate, Jahre, bis die Kundschafter mit unzähligen Aufzeichnungen ins Schloss zurückkehrten. Diese mussten allerdings erst noch ausgewertet werden. Weitere Jahre vergingen. Dann war es endlich soweit! Es stellte sich heraus, dass es im Leben keinen wirklichen Sinn zu geben scheint. Die Menschen kommen auf diese Welt, verweilen ein wenig und gehen wieder von ihr. Ein niederschmetterndes Ergebnis! Das ließ den König noch schwermütiger werden. All seine Hoffnungen, den Sinn des Lebens zu finden und von seiner Schwermut geheilt zu werden, schwanden im Nu dahin.

Doch wie es der Zufall so wollte, kam zu dieser Zeit ein beauftragter Maler ins Schloss, ein Portrait ihrer Majestät anzufertigen. Nachdem sämtliche Formalitäten erledigt waren, wurde der Maler in das Zimmer seines künftigen Schaffens geführt. Kurz darauf erschien auch der König und nahm die Pose ein, in der er gemalt werden wollte. Der Maler musterte ihn aufmerksam, rührte seine Farben auf einer Palette an und musterte den König abermals: „Majestät, erlaubt mir die Frage, was Euch so bedrückt! Ihr scheint sehr betrübt zu sein?“ Da seufzte der König tief, fasste sich ein Herz und erzählte dem Maler von seiner Suche nach dem Sinn des Lebens und wie die Suche ausgegangen war. Am Ende seiner Ausführungen schmunzelte der

Maler fast unmerklich: „Erlaubt mir, dass ich Euch etwas zeige, Majestät!" Ohne die Antwort des Königs abzuwarten, nahm er Staffelei und Leinwand und trug sie zum König hinüber. „Seht her Majestät! Nehmt diese Leinwand als Euer Leben!" Und nach einer kurzen Pause fügte er kleinlaut mit gesenktem Haupt hinzu: „Oh! Verzeiht mein ungehobeltes Benehmen, Majestät; verzeiht mein freches Mundwerk." „Ist schon gut, fahre fort", bat ihn der König. „Nun, die Leinwand soll Euer Leben symbolisieren, Majestät; am Anfang noch weiß, leer und unbefleckt. Je nach Blickwinkel hat sie einen Beginn und ein Ende, wie an den äußeren Begrenzungen ersichtlich. Rein oberflächlich betrachtet macht das noch keinen Sinn. Es liegt an Euch, diesem Leben einen Sinn zu geben. Das geschieht mit den Farben, die Ihr auf der Palette seht. Was auch immer Ihr tut, wie auch immer Ihr Euer Leben gestaltet, es hat den Sinn, den Ihr, und nur Ihr, ihm gebt." „Wirklich?", fragte der König ein wenig zögerlich. „Wahrlich, so ist es! Und solltet Ihr Eure Meinung ändern, so könnt Ihr diesem Eurem Leben durch Übermalen schnell einen anderen Sinn geben. Vielleicht möchte Majestät es ja einmal ausprobieren", ermunterte der Maler den König sanft lächelnd und bot ihm Palette und Pinsel dar. ◄

Autor: Jochen Feiler
Stichwörter: Bewusstheit, Lebenseinstellung, Weisheit

DAS GEHEIMNIS DES GELASSENEN

Wessen Geist und Gemüt von der Einheit
allen Seins erfüllt ist,
kennt keinen Zwiespalt, und Streit ist ihm fremd.

Wer Demut übt und sein Leben
auf das Eine ausrichtet,
lebt in Einklang mit sich selbst,
seinem Nächsten und allem, was ist.

Den Himmel im Herzen,
wird ihm äußeres Wissen entbehrlich.

Intuitiv erschließt sich ihm die wahre Wirklichkeit.

Wer innerlich zur Einheit findet,

wandelt seine Umgebung ohne äußeres Tun.

Gleich, ob des Himmels Pforten
sich öffnen oder schließen,
bleibt er gelassen und furchtlos er selbst.

Weil ihm Geben und Empfangen eins sind,
schafft er Ausgleich und Ordnung,
und sein Wirken dient allen Wesen.

Er nährt und bewegt, ohne zu fordern,
er schafft und wirkt, ohne zu behalten,
er führt und herrscht, ohne zu beherrschen.

Darin liegt das Geheimnis des Gelassenen.

Quelle: LaoTse
Stichwörter: Einheit, Gelassenheit, Weisheit

WER ENGEL SUCHT

Wer Engel sucht in dieses Lebens Gründen,
der findet nie, was ihm genügt.

Wer Menschen sucht, der wird den Engel finden,
der sich an seine Seele schmiegt.

Verfasser: Christoph August Tiedge (1752 – 1841)
Stichwörter: Harmonie, Weisheit

MANCHMAL KANN WENIGER AUCH MEHR SEIN

Liefern Sie für Ihr Anliegen nicht zu viele Argumente auf einmal, sondern beschränken Sie sich auf wenige, besonders stichhaltige Begründungen.

Prasseln nämlich zu viele Argumente auf Ihren Gesprächspartner ein, kehrt sich dieser nur ab, wie eine kleine Geschichte von Mark Twain veranschaulicht.

„Es predigte statt des Pfarrers ein Missionar, der eine prachtvolle Stimme hatte. In ergreifender Schlichtheit erzählte er von den Leiden der Schwarzen. Ich war so gerührt, dass ich statt der fünfzig Cent, die ich zu opfern gedachte, die Spende verdoppeln wollte.

Die Schilderungen des Missionars wurden immer eindringlicher und ich nahm mir vor, meine Gabe weiter zu steigern: Auf zwei, drei, fünf Dollar. Schließlich war ich dem Weinen nahe. Ich fand, alles Geld, das ich bei mir trug, reiche nicht, und ich tastete nach dem Scheckbuch.

Der Missionar aber redete und redete, und die Sache wurde mir allmählich langweilig. Ich ließ die Idee mit dem Scheckbuch fallen und ging auf fünf Dollar zurück.

Der Missionar redete. Ich dachte: Ein Dollar genügt. Der Missionar redete.

Und als er fertig war, legte ich zehn Cents auf den Teller.“ ◀

Autor: Schriftsteller Mark Twain (1835 – 1910)
Stichwörter: Begeisterung, Bereitschaft, Kommunikation

DIE SUCHE

In einem kleinen alten Dorf lief eines Tages ein alter Mann suchend auf dem Dorfplatz umher.

Hilfsbereite Nachbarn kamen hinzu und wollten ihm suchen helfen.

Einer fragte den Alten: „Was hast du denn verloren?"

„Meinen Ring", erwiderte der Alte.

Immer mehr Dorfbewohner kamen hinzu und alle suchten nach dem Ring.

Nach einiger Zeit stellte ihm einer die Frage: „Kannst du uns in etwa sagen, wo du deinen Ring verloren hast?"

„Ja, in meinem Schlafzimmer."

Umgehend hörten alle Helfer auf zu suchen und starrten fragend zu dem Alten.

Er schaute alle sehr ernst an und sprach langsam und bedächtig: „Ich wollte euch nur zu verstehen geben: Wenn ihr im Außen sucht, was ihr im Inneren verloren habt, werdet ihr dies nie finden." ◄

Quelle unbekannt – umgeschrieben RG
Stichwörter: Erkenntnis, Natur des Menschen, Weisheit

LIEBE BEWAHRT

Ein Tibetmissionar erzählte, wie er und zwei Begleiter unterwegs in einen gefährlichen Schneesturm gerieten.

Plötzlich fanden sie einen Mann, der im Schnee einen Abhang hinabgestürzt war.

Der Missionar wollte dem Verunglückten helfen, aber die Begleiter lehnten energisch ab: „Wir sind selbst in Lebensgefahr, da können wir uns nicht noch mit einem Verunglückten abplagen. Sonst kommen wir am Ende alle drei noch um."

Also hob der Missionar den Bewusstlosen auf seinen Rücken und stapfte alleine los.

Durch die Anstrengung wurde ihm warm, und die Wärme seines Körpers übertrug sich auf den Verletzten. Er kam wieder zu sich, und nun kämpften sich die beiden in einer langen, beschwerlichen Wanderung nach Hause durch.

Auf dem Weg fanden sie die beiden Wegbegleiter des Missionars, die ohne ihn losgestapft waren. Müde geworden, hatten sie sich im Schnee niedergelegt und waren erfroren.

Später bekannte der Missionar betroffen: „Ich wollte einem anderen das Leben retten und habe dadurch mein eigenes Leben bewahrt!" ◄

Quelle: Axel Kühner
Stichwörter: Belohnung, Hilfsbereitschaft, Nächstenliebe

DIE AUFRICHTIGKEIT BEGEGNET DER LÜGE

Aufrichtigkeit ist eine wertvolle Tugend – keine Frage. Aber ist manchmal nicht eine Lüge oder ein Schweigen der Aufrichtigkeit vorzuziehen? Dazu eine Geschichte von Marie von Ebner-Eschenbach:

Eines Tages schritt die Aufrichtigkeit durch die Welt und war sehr stolz auf sich: „Was bin ich doch für eine beneidenswerte Person. Ich unterscheide zwischen gut und schlecht, ich mache niemandem etwas vor!"

Da begegnete die Aufrichtigkeit der Lüge. Sie war gekleidet in schillernden Gewändern und ihr folgten mehrere Personen. Mit Ekel und Entrüstung wandte sich die Aufrichtigkeit ab.

Die Lüge ging süßlich lächelnd weiter. Die letzten ihres Gefolges aber, ein kleines, schwächliches Volk mit Kindergesichtchen, schlichen demütig und schüchtern vorbei und neigten sich bis zur Erde vor der Aufrichtigkeit.

„Wer seid ihr denn?", fragte sie.

Eines nach dem anderen antwortete:

„Ich bin die Lüge aus Rücksicht."

„Ich bin die Lüge aus Pietät."

„Ich bin die Lüge aus Barmherzigkeit."

„Ich bin die Lüge aus Liebe", sprach die Vierte.

„Und diese Kleinsten von uns sind das Schweigen aus Höflichkeit, das Schweigen aus Respekt und das Schweigen aus Mitleid."

Da schämte sich die Aufrichtigkeit und plötzlich kam sie sich doch etwas plump und brutal vor. ◀

Quelle: Marie von Ebner-Eschenbach, österr. Schriftstellerin, 1830–1916
Stichwörter: Achtsamkeit, Aufrichtigkeit, Barmherzigkeit, Lüge

DAS GEHEIMNIS DES GLÜCKS

Eine Frau hatte einmal die Gelegenheit mit einem großen, weisen Gelehrten zu sprechen.

Sie stellte ihm folgende Frage: „Was ist das Geheimnis des Glücks?"

Der Weise antwortete: „Das Geheimnis des Glücks ist ein gutes Urteilsvermögen."

Die Frau fragte weiter: „Und wie bekomme ich ein gutes Urteilsvermögen?"

„Durch Erfahrung", war seine Antwort.

„Ja", erwiderte sie, „aber wie erlange ich Erfahrung?"

„Durch ein schlechtes Urteilsvermögen", antwortete dieser lächelnd. ◀

Quelle: unbekannt – abgeändert RG
Stichwörter: Erfahrung, Glück, Urteilsvermögen

EIN BESONDERER ANLASS

Mein bester Freund öffnete die Kommodenschublade seiner Ehefrau und holte ein in Seidenpapier verpacktes Päckchen heraus. Es war nicht irgendein Päckchen, sondern ein Päckchen mit Unterwäsche darin. Er warf das Papier weg und betrachtete die Seide und die Spitze. „Dies kaufte ich, als wir zum ersten Mal in New York waren. Das ist jetzt 8 oder 9 Jahre her. Sie trug es nie. Sie wollte es für eine besondere Gelegenheit aufbewahren. Und jetzt, glaube ich, ist der richtige Moment gekommen!"

Er näherte sich dem Bett und legte die Unterwäsche zu den anderen Sachen, die von dem Bestattungsinstitut mitgenommen werden sollten. Seine Frau war gestorben. Als er sich zu mir umdrehte, sagte er: „Bewahre nichts für einen besonderen Anlass auf! Jeder Tag, den du lebst, ist ein besonderer Anlass." Ich denke immer noch an diese Worte ..., sie haben mein Leben verändert. Heute lese ich viel mehr als früher und putze weniger. Ich setze mich auf meine Terrasse und genieße die Landschaft, ohne auf das Unkraut im Garten zu achten. Ich verbringe mehr Zeit mit meiner Familie und meinen Freunden und weniger Zeit bei der Arbeit. Ich habe begriffen, dass das Leben eine Sammlung von Erfahrungen ist, die es zu schätzen gilt. Von jetzt an bewahre ich nichts mehr auf. Ich benutze täglich meine Kristallgläser. Wenn mir danach ist, trage ich meine neue Jacke, um in den Supermarkt zu gehen. Auch meine Lieblingsdüfte trage ich dann auf, wenn ich Lust dazu habe. Sätze, wie z.B. „eines Tages ..." oder „demnächst mal" sind dabei, aus meinem Vokabular verbannt zu werden.

Wenn es sich lohnt, will ich die Dinge hier und jetzt sehen, hören und machen. Ich bin mir nicht ganz sicher, was die Frau meines Freundes gemacht hätte, wenn sie gewusst hätte, dass sie morgen nicht mehr sein wird (ein Morgen, das wir oft zu leicht nehmen). Ich glaube, dass sie noch ihre Familie und enge Freunde angerufen hätte. Vielleicht hätte sie auch ein paar alte Freunde angerufen, um sich zu versöhnen oder sich für alte Streitigkeiten zu entschuldigen. Der Gedanke, dass sie vielleicht noch chinesisch essen gegangen wäre (ihre Lieblingsküche), gefällt mir sehr.

Es sind diese kleinen unerledigten Dinge, die mich sehr stören würden, wenn ich wüsste, dass meine Tage gezählt sind. Schade fände ich auch, gewisse Freunde nicht mehr gesehen zu haben, mit denen ich mich „demnächst mal" in Verbindung hätte setzen wollen.

Schade wäre, nicht die Briefe geschrieben zu haben, die ich „demnächst mal" schreiben wollte. Unverzeihbar, meinen Nächsten nicht oft genug gesagt zu haben, wie sehr ich sie liebe. Jetzt verpasse, verschiebe und bewahre ich nichts mehr, was uns Freude und Lächeln in unser Leben bringen könnte. Ich sage mir, dass jeder Tag etwas Besonderes ist … jeder Tag, jede Stunde, sowie jede Minute ist etwas Besonderes. ◀

Quelle: unbekannt
Stichwörter: Blick für das Wesentliche, Tod, Lebensqualität

WELPEN ZU VERKAUFEN

In einer Tierhandlung war ein großes Schild zu lesen, auf dem stand: „Welpen zu verkaufen“.

Ein kleiner Junge kam vorbei und sah das Schild. Da der Ladenbesitzer gerade an der Tür stand, fragte er ihn: „Was kosten die Hundebabys?“

„Zwischen 50,– und 80,– €.“ sagte der Mann.

Der kleine Junge griff in seine Hosentasche und zog einige Münzen heraus. „Ich habe 7 Euro und 65 Cents“, sagte er. „Darf ich sie mir bitte anschauen?“

Der Ladenbesitzer lächelte und pfiff nach seiner Hündin. Fünf kleine Hundebabys stolperten hinter ihr her. Eines von ihnen war deutlich langsamer als die anderen und humpelte auffällig.

„Was hat der Kleine dahinten?“, fragte der Junge.

Der Ladenbesitzer erklärte ihm, dass der Welpe einen Geburtsschaden hatte und nie richtig laufen würde.

„Den möchte ich kaufen“, sagte der Junge.

„Also den würde ich nicht nehmen, der wird nie ganz gesund“, antwortete der Mann. „Aber, wenn du ihn unbedingt willst, schenke ich ihn dir.“

Da wurde der kleine Junge wütend. Er blickte dem Mann direkt in die Augen und sagte: „Ich möchte ihn nicht geschenkt haben. Dieser kleine Hund ist jeden Cent wert, genauso wie die anderen auch. Ich gebe Ihnen meine 7 Euro und 65 Cents und werde jede Woche einen Euro bringen, bis er abgezahlt ist.“

Der Mann entgegnete nur: „Ich würde ihn wirklich nicht kaufen – er wird niemals in der Lage sein, mit dir zu rennen und zu toben wie die anderen."

Da hob der Junge sein Hosenbein und sichtbar wurde eine Metallschiene, die sein verkrüppeltes Bein stützte. Liebevoll auf den Hund blickend sagte er: „Ach, ich renne selbst auch nicht gut und dieser kleine Hund wird jemanden brauchen, der ihn versteht." ◀

Quelle: Dan Clark „Weathering the Storm", aus dem Englischen übersetzt
Stichwörter: Behinderung, Einfühlungsvermögen, Mitgefühl

DER KRANKE LÖWE

Einst lag der Löwe krank in seiner Höhle, und der Bär machte ihm seine Aufwartung. „Höre, Bärchen", sagte der Löwe, „stinkt es eigentlich in meiner Höhle?" – „Ja, es stinkt mächtig", antwortete der Bär. Da wurde der Löwe wütend und zerfleischte den Bären. Der Hase stand am Eingang zur Höhle, sah das und machte dann ebenfalls dem Löwen seine Aufwartung. „Höre, Häslein, stinkt es eigentlich in meiner Höhle?" fragte dieser. „O nein", antwortete der Hase. „Im Gegenteil, es duftet!" – „Du lügst", knurrte der Löwe. „Hier duftet es nicht, hier stinkt es." Und er zerfleischte den Hasen. Das sah der Wolf, der vor der Höhle gewartet hatte. Als er nun dem Löwen seine Aufwartung machte und dieser ihm die gleiche Frage stellte, antwortete er: „Es stinkt nicht, und es duftet auch nicht." – „Du lügst!" fauchte der Löwe. „Es muss entweder stinken oder duften!" Und er zerfleischte den Wolf. Das alles sah sich der Fuchs mit an. Als er nun dem Löwen seine Aufwartung machte und der ihn fragte, ob es in der Höhle stinke oder dufte, gab er zur Antwort: „Verzeih mir, edler König, aber diese Frage vermag ich dir nicht zu beantworten. Da ich einen Schnupfen habe, kann ich nichts riechen, andererseits möchte ich dich auch nicht belügen!“ Daraufhin zerfleischte der Löwe den klugen Fuchs nicht.

Quelle: vermutlich eine Fabel aus Jugoslawien oder Russland
Stichwörter: Diplomatie, positive Darstellung, Weitblick

EIN BILD VOM FRIEDEN

Es war einmal ein König, der schrieb einen Preis im ganzen Land aus: Er lud alle Künstler ein, den Frieden zu malen und das beste Bild sollte eine hohe Belohnung bekommen.

Die Künstler im Land machten sich eifrig an die Arbeit und brachten dem König ihre Bilder. Aber von allen Bildern, die gemalt worden waren, gefielen dem König nur zwei. Zwischen denen musste er sich nun entscheiden.

Das erste war ein perfektes Abbild eines ruhigen Sees. In dem See spiegelten sich die malerischen Berge, die den See umrandeten und man konnte jede kleine Wolke im Wasser wieder finden. Jeder, der das Bild sah, dachte sofort an den Frieden.

Das zweite Bild war ganz anders. Auch hier waren Berge zu sehen, aber diese waren zerklüftet, rau und kahl. Über den Bergen jagten sich am grauen Himmel wütende Wolkenberge und man konnte den Regen fallen sehen, den Blitz aufzucken, und fast auch den Donner krachen hören. An einen Berg stürzte ein tosender Wasserfall in die Tiefe. Keiner, der das Bild sah, kam auf die Idee, dass es hier um den Frieden ging.

Aber der König sah hinter dem Wasserfall einen winzigen Busch, der auf der zerklüfteten Felswand wuchs. In diesem kleinen Busch hatte ein Vogel sein Nest gebaut. Dort in dem wütenden Unwetter an diesem unwirtlichen Ort saß der Muttervogel auf seinem Nest – in perfektem Frieden.

Welches Bild gewann den Preis?

Der König wählte das zweite Bild und begründete das so: „Lasst Euch nicht von schönen Bildern in die Irre führen: Frieden braucht es nicht dort, wo es keine Probleme und keine Kämpfe gibt. Wirklicher Frieden bringt Hoffnung und heißt vor allem, auch unter schwierigsten Umständen und größten Herausforderungen, ruhig und friedlich im eigenen Herzen zu bleiben."

Verfasser: unbekannt
Stichwörter: Erkenntnis, Frieden, Wahrnehmung

WENN DU ES EILIG HAST, GEHE LANGSAM

Ein Bauer zog seinen Handkarren zur nächsten Stadt, um sein Gemüse auf dem Markt anzupreisen. Unterdessen hörte er, wie sich schnell Hufgeräusche näherten, eine edle Kutsche hielt neben ihm an.

Der Kutscher hatte es sehr eilig und rief: „Sag schnell – wie weit ist es noch bis zur nächsten Stadt?"

Der Bauer antwortete: „Wenn Ihr langsam fahrt, dauert es wohl eine halbe Stunde. Fahrt Ihr jedoch schnell weiter, so dauert es drei Stunden, mein Herr."

„Du Narr!", schimpfte ihn der Kutscher und trieb die Pferde zu einem noch schnelleren Galopp an und die Kutsche entschwand des Bauern Blick.

Der Bauer ging gemächlich seines Weges auf der staubigen Straße, die viele Schlaglöcher hatte. Nach etwa einer Stunde sah er nach einer Kurve eine Kutsche im Graben liegen. Die Vorderachse war gebrochen und der Kutscher von vorhin, war fluchend dabei, die Kutsche wieder instand zu setzen.

Der Kutscher bedachte den Bauern mit einem bösen und vorwurfsvollen Blick, worauf dieser nur sagte: „Ich sagte Euch doch: Wenn Ihr langsam fahrt, dauert die Fahrt eine halbe Stunde …" ◀

Quelle: unbekannt – abgeändert RG
Stichwörter: Geschwindigkeit, Termine, Weisheit

HAB KEINE ANGST

Habe keine Angst davor, langsam zu gehen, sondern nur davor, still zu stehen.

Quelle: Chinesisches Sprichwort
Stichwörter: Angst, Erkenntnis, Weisheit

EINE LEHRSTUNDE DER BESONDEREN ART

Ein Philosophieprofessor eröffnete seine Vorlesung mit folgenden Worten: „Es geht heute um das Thema „Zeitmanagement“ und wir werden dazu ein Experiment durchführen.“

Er nahm ein Goldfischglas, stellte es auf den Tisch und füllte es mit einigen großen Steinen, bis kein weiterer mehr hineinpasste.

Nun blickte er in die Runde und fragte: „Ist das Glas voll?“

Die Studenten antworteten im Chor: „Ja!“

„Wirklich?“

Der Professor nahm eine Schachtel, öffnete sie und kippte vorsichtig Kieselsteine in das Glas und schüttelte es dabei leicht. Der Kiesel füllte die Zwischenräume zwischen den großen Steinen.

Dann blickte er wieder in die Runde und fragte erneut: „Ist dieses Glas voll?“

Dieses Mal durchschauten die Studenten sein Spielchen.

Einer von ihnen antwortete: „Sehr wahrscheinlich nicht!“

„Gut“, antwortete der Professor. Nun nahm er einen Beutel, öffnete ihn und begann behutsam Sand in das Glas zu schütten. Der Sand füllte die Löcher zwischen den Steinen und dem Kies.

Er blickte dann auf seine Gruppe und fragte: „Welche Erkenntnis lässt sich mit diesem Experiment demonstrieren?“

Ein Student, nachdem er über das Thema des Kurses nachgedacht hatte, antwortete: „Das beweist, dass auch wenn man glaubt, die Agenda sei vollständig voll, man dennoch immer neue Termine hinzufügen kann, wenn man wirklich will.“

„Nein“, antwortete der Professor, „genau das bedeutet es nicht. Die Erkenntnis, die wir aus diesem Experiment gewinnen können, ist die folgende:

Wenn man nicht zuallererst die großen Steine in das Glas legt, finden sie später keinen Platz mehr!“

Die Studenten schwiegen und dachten über diese Aussage nach.

Dann fragte der Professor: „Welches sind denn die großen Steine in Euren Leben?

- Gesundheit,
- Familie,
- Kinder,
- Freunde,

- Träume,
- Lernen,
- Lachen
- sich Verwirklichen
- ...

Oder was ist es für Euch?

Macht euch bewusst, wie wichtig diese großen Steine in eurem Leben sind! Wenn man sie nicht zuallererst in sein Leben bringt, läuft man Gefahr, unglücklich und unzufrieden zu sein. Wenn man den unbedeutenden und kleinen Dingen im Leben, also dem Kies oder gar dem Sand den Vorrang gibt, füllt man sein Leben mit Nichtigkeiten. So wird uns schnell die kostbare Zeit fehlen, uns den wirklich wichtigen Dingen in unserem Leben zu widmen.

Also vergesst nicht, euch die Frage zu stellen: Welches sind die großen Steine meines Lebens? Danach legt Ihr sie bewusst zuallererst in euer Glas, dem Symbol für das Leben." ◀

Quelle: von Stephen R. Covey,
Stichwörter: Blick für das Wesentliche, Werte, Zeit

ÜBER DEN GESAMTPLAN DES LEBENS

Wenn Du wissen willst, was jeweils zu tun oder zu lassen ist, fasse das höchste Gut ins Auge, das heißt den Gesamtplan Deines Lebens, denn mit ihm muss Dein Handeln übereinstimmen.

Wer nicht schon einen Gesamtplan seines Lebens vor sich hat, wird Einzelheiten nicht in Ordnung bringen können. Stünde einem auch eine ganze Farbpalette zur Verfügung, so würde er doch ohne feste Vorstellung von dem, was er eigentlich machen will, keine Ähnlichkeit erreichen.

Darum scheitern wir ja, weil wir alle nur an die Einzelheiten unseres Lebens denken, aber keiner das Leben als Ganzes bedenkt. ◀

Verfasser: Lucius Annaeus Seneca, römischer Philosoph, etwa 4 v. Chr. bis 65 n. Chr.
Stichwörter: Bewusstheit, Weitblick, Zielstrebigkeit

DREI BRÜDER AUF DEM BERG

Drei Brüder, die sich sehr mochten, wollten frühmorgens auf einen Berg steigen, um den Sonnenaufgang anzusehen und diesen Anblick zu genießen.

Als sie kurz vor dem Gipfel waren, sagte der erste Bruder: „Halt, liebe Brüder, bleibt doch einmal stehen und schaut, wie herrlich blau der Tautropfen dort drüben glitzert."

Der zweite Bruder antwortete: „Nun, lieber Bruder, den Tautropfen sehe ich wohl, nur irrst Du Dich leider bei der Beschreibung der Farbe: er glitzert nicht blau, sondern grün!"

„Aber meine lieben Brüder", schaltete sich nun der dritte Bruder in das Gespräch ein, „ihr schaut wohl beide nicht richtig hin. Der Tautropfen glitzert doch weder blau noch grün, sondern rot. Könnt ihr das denn nicht erkennen?"

Unmittelbar gerieten sie in einen großen Streit darüber, wer denn nun Recht habe, und vergaßen dabei gänzlich, weshalb sie eigentlich gekommen waren, nämlich um den wunderschönen Aufgang der Sonne zu genießen.

Und während die Sonne aufging und immer prächtiger zu scheinen und zu strahlen begann, stritten sie sich weiter und weiter darüber, wer denn nun von ihnen das Richtige sehe und die Wahrheit spreche.

Dabei wäre alles so einfach gewesen:

Wäre jeder von ihnen nur ein paar Schritte zur Seite gegangen und hätte – buchstäblich – den Standpunkt der anderen eingenommen, dann hätten sie bemerkt: jeder hatte – von seinem Standpunkt aus gesehen – Recht.

Quelle: Tao-Geschichte aus China

Stichwörter: Kommunikation, Sichtweisen, Wahrnehmung

DIE EICHE UND DAS SCHILFROHR

Am Ufer eines Teiches wuchs eine mächtige und stolze Eiche. Sie trotzte jedem Wetter und beugte sich keinem Sturm.

In ihrer Nähe wuchs ein Schilfrohr, das schwach und zerbrechlich wirkte, da es bei jedem Windstoß schwankte.

Der Eiche tat das Schilfrohr leid, und sie sagte zu ihm: „Wenn du doch näher bei meinem Stamm gewachsen wärst! Dann könnte ich dich beschützen."

Das kleine Schilfrohr bedankte sich für die Freundlichkeit, meinte jedoch, dass ihm schon nichts geschehen werde. „Wenn ein gewaltiger Sturm kommt, dann beuge ich mich und lasse ihn über mich hinwegbrausen. Ich werde nicht brechen."

Die starke Eiche verstand das Schilfrohr nicht. Sie würde sich niemals beugen. Sie war davon überzeugt, jedem Sturm trotzig und kraftvoll Widerstand leisten zu können.

Da geschah es eines Nachts, dass ein gewaltiger Orkan über die Gegend fegte.

Die Eiche wollte standhaft bleiben und sich nicht unterwerfen.

Das Schilfrohr hingegen presste sich eng gegen den Boden und ließ ihn über sich hinwegfegen.

Und als sich der Orkan ausgetobt hatte, lag die Eiche am Boden – die Wurzeln aus der Erde gerissen, die Blätter weggefegt und Zweige und Äste zerbrochen.

Das kleine Schilfrohr dagegen stand aufrecht und erwartete den Morgen. ◀

Quelle: unbekannt
Stichwörter: Erkenntnis, Flexibilität, Unbeugsamkeit

NAPOLEON UND DER KÜRSCHNER

Einmal kämpfte Napoleon, während er Russland überfiel, mitten in einer kleinen Stadt, als er versehentlich von seinen eigenen Truppen getrennt wurde. Eine Gruppe russischer Kosaken erkannte ihn, und begann, ihn zu jagen. Napoleon fing an zu rennen und flüchtete sich in einen kleinen Kürschnerladen in einer Seitenstraße. Napoleon sah den Kürschner und schrie: „Retten Sie mich, retten Sie mich! Wo kann ich mich verstecken?" Der Kürschner sagte: „Schnell unter diesen großen Stapel von Pelzen in der Ecke!", und er deckte Napoleon von oben bis unten mit Pelzen zu. Kaum war er fertig, als die Russen zur Tür hereinbrachen. „Wo ist er? Wir sahen ihn hereinkommen." Sie zerlegten den ganzen Laden und versuchten, Napoleon zu finden. Sie stocherten mit ihren Schwertern in den Stapel Pelze, aber sie fanden ihn nicht. Bald gaben sie auf und zogen ab. Nach einiger Zeit kroch Napoleon unverletzt unter dem Stapel Pelze hervor. Der Kürschner wendete sich zu Napoleon und sagte: „Entschuldigen Sie, dass ich einem so großen Mann diese Frage stelle, aber wie fühlt es sich an, dort versteckt zu sein und zu wissen, dass jeder Moment Ihr letzter sein könnte?" In diesem Moment kam Napoleons Leibwache durch die Türe. Napoleon antwortete dem Kürschner: „Wie können Sie mir, dem Kaiser Napoleon, eine solche Frage stellen! Wachen, führt diesen unverschämten Mann hinaus, verbindet ihm die Augen, und exekutiert ihn. Ich persönlich werde das Kommando „Feuer frei" geben!" Die Wachen führten den armen Kürschner hinaus, verbanden ihm die Augen und stellten ihn an eine Wand. Der Kürschner konnte nichts sehen, als er Napoleon schreien hörte: „Fertig, ... zielt ..." Nach einer langen Zeit der Stille hörte der Kürschner, wie sich Schritte näherten, und dann wurde ihm die Binde von den Augen genommen. Er sah Napoleon für einige Sekunden sehr tief in die Augen, und dann sagte Napoleon sanft: „Jetzt wissen Sie es.“

Die Frage des Kürschners verlangte nach Worten, und Napoleon gab ihm Erfahrung.

Erfahrungen sind es, die jemanden verändern. Worte allein tun es selten.

Quelle: unbekannt
Stichwörter: Angst, Erfahrung, Erkenntnis

ENGEL AUF ERDEN

Es war einmal ein Kind, das bereit war, geboren zu werden.

Das Kind fragte Gott: „Sie sagen mir, dass Du mich morgen auf die Erde schicken wirst, aber wie soll ich dort leben, wo ich doch so klein und hilflos bin?“

Gott antwortete: „Von all den vielen Engeln suche ich einen für Dich aus. Dein Engel wird auf Dich warten und auf Dich aufpassen.“

Das Kind erkundigte sich weiter: „Aber sag, hier im Himmel brauche ich nichts zu tun, außer singen und lachen, um fröhlich zu sein.“

Gott sagte: „Dein Engel wird für Dich singen und auch für Dich lachen, jeden Tag. Und Du wirst die Liebe Deines Engels fühlen und sehr glücklich sein.“

Wieder fragte das Kind: „Und wie werde ich in der Lage sein, die Leute zu verstehen, wenn sie zu mir sprechen und ich die Sprache nicht kenne?"

Gott sagte: „Dein Engel wird Dir die schönsten und süßesten Worte sagen, die Du jemals hören wirst, und mit viel Ruhe und Geduld wird Dein Engel Dich lehren zu sprechen."

„Und was werde ich tun, wenn ich mit Dir reden möchte?"

Gott sagte: „Dein Engel wird Deine Hände aneinanderlegen und Dich lehren zu beten."

„Ich habe gehört, dass es auf der Erde böse Menschen gibt. Wer wird mich beschützen?"

Gott sagte: „Dein Engel wird Dich verteidigen, auch wenn er dabei sein Leben riskiert."

„Aber ich werde immer traurig sein, weil ich Dich niemals wieder sehe."

Gott sagte: „Dein Engel wird mit Dir über mich sprechen und Dir den Weg zeigen, auf dem Du immer wieder zu mir zurückkommen kannst. Dadurch werde ich immer in Deiner Nähe sein."

In diesem Moment herrschte viel Frieden im Himmel, aber man konnte schon Stimmen von der Erde hören und das Kind fragte schnell: „Gott, bevor ich Dich jetzt verlasse, bitte sage mir den Namen meines Engels."

„Ihr Name ist nicht wichtig. Du wirst sie einfach ››Mama‹‹ nennen." ◀

Quelle: unbekannt
Stichwörter: Liebe, Mutter, Vertrauen

DIE OASE

Es war einmal eine herrliche Oase. Sie grünte in voller Pracht und kaum vorstellbarer Schönheit.

Eines Tages blickte sich die Oase um, sah jedoch nichts anderes als nur die Wüste. Vergebens suchte sie nach Ihresgleichen und wurde ganz wehmütig.

Laut begann sie zu klagen: „Ach, ich unglückliche, einsame Oase! Ich bin ganz allein! Nirgends kann ich meinesgleichen sehen. Nichts, als die traurige, sandige, leblose Wüste umgibt mich. Was helfen mir hier in meiner Verlassenheit all meine Vorzüge und Reichtümer?"

Da sprach die alte und weise Mutter Wüste: „Mein Kind, wenn dich anderes und nicht ich – die traurige, dürre Wüste – dich umgäbe, sondern alles um dich herum blühend, grün und prachtvoll wäre, dann wärst du keine Oase. Doch so bist du ein einzigartiger, begünstigter Flecken Erde, von dem noch in der Ferne die Wanderer rühmend erzählen." ◀

Quelle: unbekannt, leicht umgeschrieben RG
Stichwörter: Einzigartigkeit, Selbstbild, Sichtweisen

Unsere Gedanken bestimmen ...

Unsere Gedanken bestimmen, ob wir im Leben unglücklich oder glücklich sind.

Wir schaffen die Welt, in der wir leben, in unserem Geist.

Daraus folgt, dass wir die Gedanken pflegen müssen, die Glück erzeugen.

Verfasser: Norman Vincent Peale, US-amerikanischer Pfarrer und Publizist, 1898 – 1993
Stichwörter: Bewusstsein, Gedanken, Glück

Laut Statistiken denken wir täglich zwischen 50–80.000 Gedanken! 70–80 % all dieser denken wir täglich aufs Neue wieder.

Schlüssel zum Glück

Vergebung ist der Schlüssel zum Glück,
denn sie öffnet alle Schuld- und Angstblockaden
und lässt uns in einer Welt leben,
in der die Liebe alles umfängt.

Verfasser: Gerald G. Jampolsky
Stichwörter: Glück, Liebe, Vergebung

ERLEBNIS EINES NEW YORKER TAXIFAHRERS

Ich wurde zu einer Adresse hinbestellt und wie gewöhnlich hupte ich, als ich ankam.

Als kein Fahrgast erschien hupte ich erneut. Nichts… Noch einmal. Nichts…

Meine Schicht war fast zu Ende, dies sollte meine letzte Fahrt sein. Es wäre leicht gewesen, einfach wieder wegzufahren. Ich parkte jedoch den Wagen und ging zur Haustür. Auf mein Klopfen hörte ich eine alte gebrechliche Stimme sagen: „Bitte, einen Augenblick noch!"

Es verging eine Weile, bis sich endlich die Tür öffnete. Vor mir stand eine kleine, alte Dame, bestimmt 90 Jahre alt. Sie trug ein mit Blümchen bedrucktes Kleid und einen dieser Pillbox Hütte mit Schleier, als wäre sie einem Film der 1940er Jahre entsprungen. In ihrer Hand hielt sie einen kleinen Nylon-Koffer.

Da die Tür offen war, konnte ich in die Wohnung schauen. Alle Möbel waren mit Tüchern abgedeckt, die Wände völlig nackt. Ja, die ganze Wohnung war – leer.

„Bitte, junger Mann, tragen sie mir meinen Koffer zum Wagen!", unterbrach sie meine Betrachtung. Ich nahm den Koffer und packte ihn in den Kofferraum und ging zurück zu der alten Dame, um ihr beim Gang zum Auto ein wenig zu helfen. Sie nahm meinen Arm und wir gingen gemeinsam.

Sie bedankte sich für meine Hilfsbereitschaft.

„Es ist nicht Rede wert", antwortete ich ihr, „ich behandle meine Fahrgäste schlicht genauso, wie ich auch meine Mutter behandeln würde!"

„Oh, sie sind wirklich ein vorbildlicher junger Mann“, erwiderte sie.

Als die Dame in meinem Taxi Platz genommen hatte, gab sie mir die Zieladresse, gefolgt von der Frage, ob wir durch die Innenstadt fahren könnten.

„Nun, das ist nicht der kürzeste Weg, eigentlich sogar ein erheblicher Umweg!“, gab ich zu bedenken.

„Oh, ich habe nichts dagegen“, sagte sie. „Ich bin nicht in Eile. Ich bin auf dem Weg in ein Hospiz.“

„Ein Hospiz?“, schoss es mir durch den Kopf. „Scheiße, Mann! Dort werden doch sterbenskranke Menschen versorgt und beim Sterben begleitet.“ Ich sah im Rückspiegel die Dame noch einmal an.

„Ich hinterlasse keine Familie!“, fuhr sie mit sanfter Stimme fort. „Der Arzt sagt, ich habe nicht mehr sehr lange.“

Ich schaltete das Taxameter aus. „Welchen Weg soll ich nehmen?“, fragte ich.

Wir fuhren einfach durch die Stadt. Sie zeigte mir das Hotel, in dem sie einst an der Rezeption gearbeitet hatte. Wir fuhren zu den unterschiedlichsten Orten. Sie zeigte mir das Haus, in dem sie und ihr verstorbener Mann gelebt hatten, als sie noch „ein junges, wildes Paar“ waren und ein modernes, neues Möbelhaus, das früher „ein angesagter Schuppen“ zum Tanzen war. Als junges Mädchen habe sie dort oft das Tanzbein geschwungen.

An manchen Gebäuden und Straßen bat sie mich besonders langsam zu fahren. Sie sagte dann nichts. Sie schaute nur aus dem Fenster und schien mit ihren Gedanken auf eine Reise zu gehen. Hinter dem Horizont kamen die ersten Sonnenstrahlen.

Waren wir tatsächlich die ganze Nacht durch die Stadt gefahren?

„Ich bin müde“, sagte die alte Dame plötzlich, „jetzt können wir zu meinem Ziel fahren!“

Schweigend fuhren wir zu der Adresse, die sie mir am Abend gegeben hatte. Das Hospiz hatte ich mir viel größer vorgestellt. Mit seiner Mini-Einfahrt wirkte es eher wie ein kleines, freundliches Ferienhaus. Zwei Sanitäter eilten heraus, die, kaum hatte ich den Wagen angehalten, die Fahrgasttüre öffneten. Sie schienen sehr besorgt. Sie mussten lange auf die Dame gewartet haben.

Und während die alte Dame im Rollstuhl Platz nahm, trug ich ihren Koffer zum Eingang des Hospiz.

„Wie viel bekommen Sie von mir für die Fahrt?“, fragte sie, während sie in ihrer Handtasche kramte.

„Nichts!“, sagte ich.

„Sie müssen doch Ihren Lebensunterhalt verdienen“, antwortete sie.

„Es gibt noch andere Passagiere…“, erwiderte ich mit einem Lächeln.

Und ohne lange darüber nachzudenken, umarmte ich sie. Sie hielt mich ganz fest.

„Sie haben einer alten Frau auf ihren letzten Metern noch viel Freude und Glück geschenkt. Danke!!!“, sagte sie mit glasigen Augen zu mir.

Ich drückte ihre Hand. Als ich dem trüben Sonnenaufgang entgegen ging, schloss sich die Tür des Hospiz. Es klang für mich wie der Abschluss eines Lebens…

Meine nächste Schicht hätte jetzt beginnen sollen, doch ich nahm keine neuen Fahrgäste an. Ich fuhr ziellos durch die Straßen – völlig versunken in meine Gedanken! Ich wollte weder reden, noch jemanden sehen.

Was wäre gewesen, wenn die Frau an einen unfreundlichen und schlecht gelaunten Fahrer geraten wäre, der nur schnell seine Schicht hätte beenden wollen?

Was, wenn ich die Fahrt nicht angenommen hätte oder ich nach dem ersten Hupen einfach weggefahren wäre?

Wenn ich an diese Fahrt zurück denke, glaube ich, dass ich selten etwas Wichtigeres im Leben getan hatte. In unserem hektischen Leben legen wir besonders viel Wert auf die großen, bombastischen Momente. Größer … Schneller … Weiter …

Aber es sind die kleinen Momente, die kleinen Gesten, die im Leben wirklich etwas zählen. Für diese kleinen und schönen Momente sollten wir uns wieder mehr Zeit nehmen und Geduld, nicht sofort hupen – dann sehen wir sie auch … ◀

Quelle: übersetzt aus dem Englischen von Markus Brandl, leicht gekürzt von Sabina Hiller
Stichwörter: Anteilnahme, Hilfsbereitschaft, Menschlichkeit

VON DER LAST DES LEBENS

Ein alter Beduine war krank und zweifelte am Sinn des Lebens.

Eines Tages kam er in einer Oase an einem jungen, noch kleinen Palmenbaum vorbei. Frustriert und deprimiert wie er war, nahm er einen dicken Steinbrocken und legte ihn der jungen Palme mitten auf die Blattkrone und dachte gehässig: „Soll auch sie sehen, wie sie damit fertig wird."

Die junge Palme versuchte, die Last abzuwerfen. Sie wiegte sich im Wind und schüttelte ihre jungen Wedel. Doch – vergebens.

Also begann sie tiefer und fester in den Boden zu wachsen, um stärker und kräftiger zu werden. Und wirklich: ihre Wurzeln erreichten neue Wasseradern. Die Kraft des Wassers aus der Tiefe und die der Sonne vom Himmel machten sie zu einer außerordentlich starken Palme, die auch den Stein im Weiterwachsen mittragen konnte.

Nach Jahren kam der alte Beduine wieder, um nach dem Baum zu sehen. Da sah er eine besonders hochragende Palme und in der Krone trug sie den Stein.

Und wie sie sich im Wind neigte, schien sie ihm zu sagen: „Ich muss dir danken! Die Last hat mich über meine Schwäche hinauswachsen lassen." ◄

Quelle: unbekannt
Stichwörter: Behinderung, Erfolg, Schwäche, Wachstum

WAS KÖNNEN WIR TUN?

„Was können wir tun, um die Welt zu verbessern?", wurde ein alter Weisheitslehrer gefragt.

Seine Antwort lautete: „In meiner Jugend war ich ein Idealist und stellte mir vor, was ich alles tun könnte, um die Welt zu verbessern. Daher war damals mein einziges Gebet: „Herr, gib mir die Kraft, die Welt zu verbessern."

Jahre später sah ich ein, dass ich nicht einmal einen einzigen Menschen verbessern konnte, geschweige denn die Welt. Daher änderte ich mein Gebet, das fortan lautete: „Herr, gib mir die Gnade, all jene zu verbessern, die mir nahe stehen, nur meine Familie und ein paar meiner Freunde, dann bin ich schon zufrieden."

Wie ich älter wurde und langsam in meine mittleren Jahre kam, sah ich ein, dass ich weder irgendwen noch irgendetwas in dieser Welt verbessern konnte. Da veränderte ich mein Gebet von neuem. Von nun an betete ich nur noch: ,,Herr, gib mir die Gnade, mich selbst zu verbessern." Da sah ich, wie schwer allein dies war.

Inzwischen bin ich alt geworden und der größte Teil meines Lebens ist vorbei. Viele Jahre habe ich verbracht, ohne dass ich in dieser Welt etwas verbessert hätte. Doch in dem Maße, in dem ich mich selbst erkannt und verbessert hatte, wirkte ich ohne großes Zutun meinerseits auf die Menschen um mich herum ein. Diese übertrugen es auf wieder andere Menschen und so weiter, und so veränderte sich zunächst etwas im Kleinen und wirkte schließlich auf die große Welt.

Niemand kann die Welt allein verbessern, doch umso mehr Menschen im Kleinen wirken, desto größer werden die Früchte. Und wer weiß, vielleicht kommt irgendwann eine Zeit, in der wir dann sogar ohne Armut, Hunger und Kriege auskommen." ◀

Verfasser: unbekannt – abgeändert RG
Stichwörter: Bewusstsein, Frieden, Weltveränderung

CHANCEN

Jeder Mensch hat die Chance
mindestens einen Teil der Welt zu verbessern,
nämlich sich selbst. ◀

Quelle: Paul de Lagarde 1827–1891
Stichwörter: Chancen, Verbesserung, Weisheit

DIE GESCHICHTE VON DEN GLÜCKSPELZCHEN

In einem fernen Tal, dort wo niemals ein Mensch hinkommt, lebt ein ganz besonderes Volk. Die Menschen sind alle sehr, sehr glücklich und gesund. Doch irgendwie sind sie auch ganz anders als alle uns sonst bekannten Menschen. Sie haben hier gar ganz sonderbare Gebräuche und Rituale.

Immer, wenn sie sich begegnen, greifen sie in einen Beutel, der mit vielen Glückspelzchen gefüllt ist und schenken sich gegenseitig ein Glückspelzchen. Das löst dann sofort unsagbare Glücksgefühle aus und die Glückspelzchen scheinen niemals auszugehen. Es scheint sogar, als würden sie mit jedem Weiterschenken mehr werden. Doch darüber hat sich noch niemals jemand Gedanken gemacht.

Eines Tages kommt von ferne eine Hexe über die Berge in das Tal dieser Menschen, um dort ihre Salben und Tränke zu verkaufen. Den ersten Menschen, dem sie begegnet, spricht sie gleich an und preist ihre Wundermittel. Freundlich aber etwas verwundert schaut sie dieser an, denn er weiß nicht, was er damit soll. Wie üblich schenkt er ihr ein Glückspelzchen. So etwas ist der Hexe noch nie passiert. Normalerweise findet ihre Medizin reißenden Absatz. Doch hier scheint man nicht einmal zu wissen, was Krankheit und Leid ist. Auch als sie ins Dorf geht, begegnet ihr überall Verwunderung über ihre Heilmittel, und statt ein gutes Geschäft zu machen, bekommt sie nur lauter Glückspelzchen. Einen ganzen Sack hat sie nun schon, aber sie ist damit gar nicht zufrieden, denn sie hat nur ihr Geschäft im Kopf.

Die Hexe überlegt, was zu tun sei und beschließt eine List anzuwenden. Als sie am nächsten Tag ins Dorf geht, spricht sie einen Mann an und sagt zu ihm: „Hast du nicht gesehen, was deine Frau soeben gemacht hat?" Der Mann schüttelt den Kopf und fragt, was es denn gewesen sein soll? Die Hexe antwortet: „Deine Frau hat soeben dem Nachbarn ein Glückspelzchen geschenkt und dessen Kindern sogar zwei!" Da lacht der Mann und fragt, was denn daran so besonderes sein soll? Die Hexe antwortet: „Denkst du denn nicht nach? Wenn deine Frau so verschwenderisch mit den Glückspelzchen umgeht, dann wird sie bald keines mehr für dich haben. Die Glückspelzchen sind doch viel zu wertvoll, als dass man so unbedacht damit umgeht." Nun ist der Mann ganz verwirrt und weiß nicht mehr, was er darauf sagen soll.

Als am Abend die Kinder im Bett liegen, erzählt er seiner Frau von dem Erlebnis mit der Hexe und fragt, was sie dazu meint? Doch auch sie weiß keine Antwort und ist nun ebenfalls verwirrt, denn darüber hat sie noch nie nachgedacht. Als sie endlich schlafen gehen, haben beide eine unruhige Nacht mit vielen wirren Träumen. Am Morgen beschließt deshalb die Frau, mit ihren Freundinnen darüber zu sprechen, doch auch diese wissen keinen Rat und bald ist das ganze Dorf beunruhigt. Man beschließt, in Zukunft ein bisschen vorsichtiger im Umgang mit den Glückspelzchen zu sein, denn man kann ja nie wissen.

Bald gibt es die Glückspelzchen nur mehr für besondere Verdienste und auch das wird immer seltener. Da man es gewohnt ist, sich gegenseitig zu beschenken, stecken sie sich immer öfter Steine in ihren Beutel, um sie als Ersatz für die Glückspelzchen zu verwenden. So bleiben die Glückspelzchen im Beutel und stattdessen gibt es harte und kalte Steine. Niemandem fällt auf, dass alle misstrauischer geworden sind und das Lachen immer mehr aus ihren Gesichtern verschwunden ist. Man hat sich rasch an die neuen Umstände gewöhnt und lagert die eigenen Glückspelzchen an einem sicheren

Ort, wo sie nicht gestohlen werden können. Die Hexe aber jubelt, denn seit es keine Glückspelzchen mehr gibt, sind die Menschen krank geworden und das Geschäft mit ihrer Medizin floriert wie nie zuvor. Die Jahre vergehen und an jeder Ecke gibt es nun eine Apotheke, in der man die Wundermittel der Hexe kaufen kann.

Viele Jahre später, als sich niemand mehr an die frühere, glückliche Zeit erinnert, kommt wieder eine Hexe über die Berge in das Tal. Als sie dort die Kinder beim Spielen beobachtet, geht sie zu ihnen, greift in ihren Beutel und schenkt jedem ein Glückspelzchen. Das macht sie jeden Tag und manchmal schenkt sie gleich zwei oder drei Glückspelzchen den Kindern. Die Kinder haben viel Freude und beginnen ihrerseits sich gegenseitig mit Glückspelzchen zu beschenken. Zuhause beschenken sie ihre Eltern und in der Schule die Lehrer. Anfänglich messen die Erwachsenen dem nicht allzu viel Bedeutung zu. Doch als sie bemerken, dass die Kinder nur noch Glückspelzchen verschenken, nehmen sie ihren Nachwuchs ins Gebet, um diesen den sorgfältigen Umgang mit Glückspelzchen zu lehren. Sorgenvoll beschließen sie auch, dieses Problem im Ältestenrat vorzubringen. Dort wird ein Gesetz erlassen, welches den Umgang mit Glückspelzchen regeln soll. Doch es hilft alles nichts, die Kinder sind nicht mehr zu bremsen und schenken weiterhin großzügig überall ihre Glückspelzchen her.

Die Erwachsenen werden langsam älter und kränklicher und sterben nach und nach. Aus den Kindern wächst eine neue, glückliche Generation heran, die bei jeder Gelegenheit Glückspelzchen verschenkt. Und so gibt es wieder ein fernes Tal, in dem nur gesunde und glückliche Menschen leben … ◄

Quelle: unbekannt, frei nacherzählt von Rudolf Kronreif
Stichwörter: Aufeinander zugehen, Großzügigkeit, Wertschätzung

DIE GESCHICHTE VON DEN FRÖSCHEN

Es war einmal eine Gruppe von Fröschen, die gemeinsam durch einen Wald liefen. Plötzlich fielen zwei von ihnen in eine tiefe Grube, die sie nicht gesehen hatten. Die anderen Frösche konnten einen Sturz in die Grube gerade noch verhindern und versammelten sich nun um das Loch im Boden. Sie blickten zu den beiden Kameraden herab, die tief unten auf dem Boden hockten und versuchten, aus der Grube herauszuspringen. Als sie sahen, wie tief das Loch war, riefen sie den beiden zu, dass das Springen keinen Sinn hätte – die Grube sei viel zu tief. Sie sollten lieber aufgeben und einfach sterben. Der eine von den beiden ließ sich durch die Aussicht, schon so gut wie tot zu sein, schnell entmutigen. Er erkannte, keine Chance zu haben und hörte auf zu springen. Schnell starb er.

Die anderen riefen zu dem übrig gebliebenen Frosch, dass er sich doch nicht weiter quälen, sondern sich ebenso wie der andere Frosch zum Sterben bereit machen sollte. Der andere Frosch aber sprang weiter – unermüdlich, verbissen und eifrig. Höher und immer höher. Er mobilisierte noch einmal alle Kräfte und schafft es tatsächlich, aus der Grube zu springen. Oben angekommen fragten ihn die anderen Frösche: „Sag, hast du uns nicht gehört? Wir hätten nie gedacht, dass es möglich sein könnte, aus der Grube zu springen." Schnell stellte sich heraus, dass dieser Frosch schwerhörig war. Er hatte die ganze Zeit gedacht, die anderen feuerten ihn an! ◄

Quelle: Michael Peterson
Stichwörter: Chancen, Entschlossenheit, Motivation

DRILLINGE UNTERHALTEN SICH ...

Im Bauch einer schwangeren Frau sind drei Embryonen.

Einer davon ist der kleine Träumer, einer der kleine Realist und einer der kleine Kritiker.

Der kleine Realist fragt: Glaubt ihr eigentlich an ein Leben nach der Geburt?

Der kleine Träumer: Ja klar, das gibt es. Unser Leben hier ist dazu gedacht, dass wir wachsen und uns auf das Leben nach der Geburt vorbereiten, damit wir dann stark genug sind für das, was uns erwartet.

Der kleine Kritiker: Blödsinn, das gibt es nicht. Wie soll denn das überhaupt aussehen, ein Leben nach der Geburt?

Der kleine Träumer: Das weiß ich auch nicht so genau. Es wird viel heller sein als hier. Und vielleicht werden wir herumlaufen und mit dem Mund essen.

Der kleine Kritiker: So ein Quatsch. Herumlaufen, das geht doch nicht. Und mit dem Mund essen, was für eine seltsame Idee. Es gibt doch nur die Nabelschnur, die uns ernährt. Außerdem geht das gar nicht, dass es ein Leben nach der Geburt gibt, weil die Nabelschnur viel zu kurz ist.

Der kleine Träumer: Doch, es geht bestimmt. Es wird eben alles ein bisschen anders werden.

Der kleine Kritiker: Es ist noch nie einer zurückgekommen nach der Geburt. Mit der Geburt ist das Leben zu Ende. Und das Leben hier ist nichts als Quälerei. Und dunkel.

Der kleine Träumer: Auch wenn ich nicht so genau weiß, wie das Leben nach der Geburt aussieht, jedenfalls werden wir dann unsere Mutter sehen und sie wird für uns sorgen.

Der kleine Kritiker: Mutter? Du glaubst an eine Mutter? Wo ist die denn bitte?

Der kleine Träumer: Na hier, überall, um uns herum. Wir sind in ihr und leben in ihr und durch sie. Ohne sie könnten wir gar nicht sein.

Der kleine Kritiker: Quatsch. Von einer Mutter habe ich ja noch nie etwas gemerkt, also gibt es sie auch nicht.

Der kleine Träumer: Manchmal, wenn wir ganz still sind, kannst du sie singen hören. Oder spüren, wie sie unsere Welt streichelt.

Der kleine Realist fragt: Und wenn es also ein Leben nach der Geburt gibt, wird der kleine Kritiker dann bestraft, weil er nicht daran geglaubt hat?

Der kleine Träumer: Das weiß ich nicht so genau. Vielleicht kriegt er einen Klaps, damit er die Augen aufmacht und das Leben beginnen kann. ◀

Quelle: unbekannt – leicht abgeändert RG
Stichwörter: Sichtweisen, Uneinigkeit, Wahrnehmung

DAS WEISE URTEIL

Die Gier ist häufig der Wegbereiter für die Unehrlichkeit. Aber wie heißt es so schön: „Ehrlich währt am längsten“ oder auch „Unrecht schlägt seinen eigenen Herrn“. Das will auch diese leicht umgeschriebene Geschichte von Johann Peter Hebel vermitteln:

Es war einmal ein reicher Mann, der eine beträchtliche Geldsumme aus Vorsicht in ein Tuch eingenäht hatte. Er verlor sein Tuch und war verzweifelt. So setzte er für den ehrlichen Finder eine Belohnung von 100 Talern aus.

Und tatsächlich wurde sein Tuch mit dem Geld von einem ehrlichen Mann gefunden. Der glückliche Empfänger zählte sein Geld nach und überlegte dabei, wie er den Überbringer um die versprochene Belohnung bringen könnte: „Es waren 800 Taler eingenäht, nun sind aber nur noch 700 Taler da. Du hast dir wohl die Belohnung bereits genommen!“

Der Überbringer versicherte, dass dem nicht so sei. Ihm ginge es auch nicht um die Belohnung, aber Unehrlichkeit lasse er sich nicht vorwerfen. Nach längerem Streit gingen beide vor den Richter.

Der weise Richter ließ sich von beiden den Hergang schildern. Der Richter schien die schlechte Gesinnung des reichen Mannes zu erahnen und fällte folgendes Urteil:

„Wenn der eine ein Tuch mit 800 Talern verloren, der andere aber eines mit 700 gefunden hat, dann kann es nicht das Geld des Ersteren sein.

Der Finder soll das Tuch mit den 700 Talern sicher verwahren, bis sich jener meldet, der diese Summe verloren hat.

Der andere soll warten, bis sich derjenige kund tut, der ein Tuch mit 800 Talern gefunden hat!“

Verfasser: Johann Peter Hebel, 1760–1826, Dichter
Stichwörter: Ehrlichkeit, Habgier, Urteilsvermögen

DIE ÜBLE NACHREDE

Ein neidischer Nachbar hatte über einen ehrenwerten Geschäftsmann schlecht geredet und viel Unwahres erzählt. Die Gerüchte waren bis zu dem Geschäftsmann vorgedrungen.

Dieser stellte seinen Nachbarn zur Rede. „Ich werde es ganz bestimmt nicht wieder tun“, versprach der Nachbar. „Ich nehme alles zurück, was ich über dich erzählt habe!“ Der Geschäftsmann sah ihn ernst an. „Ich werde dir verzeihen“, erwiderte er. „Doch jede unrechte Tat verlangt ihre Sühne.“ „Ich bin gerne zu allem bereit“, antwortete der Nachbar reumütig.

Der Geschäftsmann ging in sein Haus und kam mit einem Kopfkissen zurück. „Trag dieses Kissen in dein Haus“, sagte er. „Dann schneide ein Loch in das Kissen und komm wieder zurück, indem du unterwegs immer einige Federn nach rechts, einige nach links verstreust. Das ist der erste Teil der Sühne!“

Nichts leichter als das, dachte der Nachbar erleichtert und machte, wie ihm aufgetragen wurde. Als er wieder bei dem Geschäftsmann ankam und ihm die leere Kissenhülle überreichte, fragte er: „Und der zweite Teil meiner Wiedergutmachung?“

„Gehe jetzt den Weg zu deinem Haus zurück und sammle alle Federn wieder ein!“ Der Nachbar stammelte verwirrt: „Ich kann doch unmöglich all die Federn wieder einsammeln! Ich streute sie wahllos aus, warf einige hierhin und einige dorthin. Inzwischen hat der Wind sie in alle Himmelsrichtungen getragen. Wie kann ich sie alle wieder einfangen, das ist unmöglich?!“

Der Geschäftsmann nickte ernst: „Genau so ist es mit der üblen Nachrede und den Verleumdungen. Einmal ausgestreut, laufen sie in alle Richtungen – wir wissen nicht wohin. Wie willst du also wieder alle über mich verbreiteten Gerüchte zurücknehmen?“

Verfasser: unbekannt – leicht abgeändert RG
Stichwörter: Wahrheit, Gerüchte, Kommunikation

SICH DEM SCHICKSAL ANVERTRAUEN

Trotz zahlenmäßiger Unterlegenheit seiner Truppen beschloss ein großer General den Gegner anzugreifen. Er selbst war sich des Sieges gewiss – nicht so seine Männer.

Der General hielt auf dem Weg zur Schlacht vor einer Kapelle an und erklärte seiner Truppe: „Ich werde mich sammeln und Gott um Hilfe bitten. Anschließend werde ich eine Münze werfen, Kopf bedeutet, wir werden siegen, Zahl, wir werden verlieren. Vertrauen wir uns dem Schicksal an."

Nachdem er eine Weile gebetet hatte, trat er wieder vor seine Männer – und warf eine Münze. Es war Kopf. Sofort fassten die Kämpfer Mut. Von ihrem Sieg überzeugt, kämpfte die Truppe mit solcher Tapferkeit, dass die Schlacht bald gewonnen war.

Nach dem Sieg meinte der Adjutant zu seinem General: „Niemand kann den Verlauf des Schicksals beeinflussen..., dieser Sieg ist ein erneuter Beweis dafür."

„Wer weiß", antwortete der General lächelnd und reichte seinem Adjutanten die Münze – eine falsche Münze, die auf beiden Seiten Kopf zeigte. ◄

Quelle: Buch: Die Kunst zu siegen, ohne zu kämpfen – leicht geändert RG
Stichwörter: Herausforderung, Positive Darstellung, Sieg

DER ADLER UND DAS HUHN

Es war einmal ein Bauer. Im nahegelegenen Wald wollte er einen Vogel fangen, um ihn zu Hause im Käfig zu halten. Es gelang ihm, an das Junge eines Adlers zu kommen. Zu Hause setzte er es in den Hühnerstall, zusammen mit dem ganzen Federvieh. Das Adlerjunge pickte Mais und fraß auch sonst, was Hühner so fressen – und das, obwohl doch der Adler der König der Vögel ist.

Fünf Jahre waren vergangen, als der Bauer Besuch von einem Vogelkundler bekam. Während die beiden im Garten spazieren gingen, fiel dem Besucher auf: „Das da, der Vogel da, das ist doch kein Huhn! Das ist ja ein Adler!“ „Mag sein“, erwiderte der Bauer, „in der Tat, der ist ein Adler. Aber ich habe ihn großgezogen, als ob er ein Huhn wäre. Nach all den Jahren ist er kein Adler mehr, jetzt ist er ein Huhn geworden, wie jede Henne auch – selbst wenn er Flügel mit einer Spannweite von beinahe drei Metern hat!“

„Nein“, so der Ornithologe. „Der ist ein Adler und wird immer ein Adler bleiben. In ihm steckt das Herz eines Adlers, und das wird ihn treiben, hoch in den Himmel zu fliegen.“

Also beschlossen die beiden, es auf einen Versuch ankommen zu lassen. Der Vogelfachmann nahm den Adler, hob ihn hoch und redete herausfordernd auf ihn ein: „Weil du ein Adler bist, weil du dem Himmel gehörst und nicht der Erde, öffne deine Flügel und flieg!“

Doch der Adler blieb auf dem ausgestreckten Arm des Naturkundlers sitzen. Ein wenig verstört schaute er rings rum. Als sein Blick auf die Hühner auf dem Boden fiel und er sah, wie sie nach den Körnern scharrten, sprang er wieder zu ihnen hinab.

„Hab' ich's dir nicht gesagt", triumphierte der Bauer, „der ist schlicht und einfach ein Huhn geworden!"

„Kann doch nicht sein!", hielt der Ornithologe dagegen. „Dein Huhn ist ein Adler und wird immer ein Adler bleiben. Wollen wir's noch mal versuchen, morgen?"

Am folgenden Tag stieg der Besucher mit dem Adler auf das Dach des Hauses. Flüsternd beschwor er ihn: „Adler, wenn du ein Adler bist, öffne deine Flügel und schwing dich in die Höhe!" Doch sobald der Adler die Hennen unter sich sah, wie sie im weichen Boden scharrten, flog er wieder zu ihnen auf die Erde.

Den Bauern freute das, er fühlte sich erneut bestätigt: „Hab' ich dir's nicht gesagt! Das Vieh ist ein Huhn geworden!"

„Nein, nie und nimmer!", ließ der Fachmann nicht locker. „Der ist ein Adler, und immer wird er das Herz eines Adlers haben. Lass es uns noch ein letztes Mal versuchen! Morgen bringe ich ihn zum Fliegen!"

Tags darauf standen beide, der Vogelkundler und der Bauer, in aller Frühe auf. Sie nahmen den Adler und gingen mit ihm aus der Stadt hinaus. Sie gingen, bis kein Haus, in dem Menschen hätten wohnen können, mehr zu sehen war. Sie wandten sich dem Gebirge zu und stiegen auf den höchsten Gipfel. Die Morgensonne lag golden auf den Bergen.

Angekommen, hob der Ornithologe den Adler in die Höhe und befahl ihm: „Wenn du ein Adler bist, wenn du dem Himmel gehörst und nicht der Erde, … mach deine Flügel auf und flieg davon!"

Der Adler schaute um sich. Er bebte am ganzen Körper, als ob neues Leben in ihn hineinströmte. Aber fliegen? Nein, nichts davon. Darauf fasste ihn der Mann ziemlich kräftig und hielt ihn genau der Sonne entgegen, so dass sich seine Augen füllen konnten mit dem Glanz der Sonne und der Weite des Horizonts.

Und in dem Augenblick öffnete er seine gewaltigen Flügel, krächzte das typische Kauu- Kauu des Adlers, reckte sich herrschaftlich und fing an, mit den Flügeln zu schlagen. Und da, siehe da! Er begann zu fliegen, in die Höhe zu fliegen, immer höher. Und er flog … und flog … immer weiter, bis sich seine Umrisse im Blau des Himmels verloren … ◄

Verfasser: unbekannt, aus Afrika
Stichwörter: Manipulation, Gewohnheit, Selbstverwirklichung

WORAN MAN MEISTERSCHAFT ERKENNT

Erstmalig nahm eine Mutter ihren kleinen Sohn zu einem Konzert eines berühmten Pianisten mit, um seinen Fortschritt im Klavierunterricht zu unterstützen.

Nachdem die beiden sich gesetzt hatten, entdeckte die Mutter unter den Zuhörern eine Bekannte und verließ ihren Platz, um diese zu begrüßen. Der kleine Mann ergriff die Gelegenheit, die Geheimnisse der Konzerthalle auf eigene Faust zu erkunden und schlüpfte schließlich unbemerkt durch eine Tür mit der Aufschrift „Kein Zutritt“...

Als die Lichter gelöscht wurden und das Konzert beginnen sollte, kehrte die Mutter zu ihrem Platz zurück und entdeckte mit Schrecken, dass ihr Kind verschwunden war.

Aber schon hob sich der Vorhang. Das Licht der Scheinwerfer fiel auf den eindrucksvollen Steinway – Flügel auf der Bühne – und – auf einen kleinen Jungen, der auf dem Klavierhocker saß und mit seinen kleinen Fingern unbeholfen ein Kinderlied spielte!

In diesem Moment betrat der berühmte Pianist die Bühne, ging schnell auf das Klavier zu und flüsterte dem kleinen Mann ins Ohr:

„Nicht aufhören, spiel weiter!“

Der Meister beugte sich über den Jungen und spielte mit seiner Linken eine Bass – Begleitung.

Und bald schon griff er mit seiner Rechten nach den Tasten auf der anderen Seite des Kindes und ergänzte das Spiel mit einem perlenden Obligato.

So zeigte sich der alte Meister wahrhaft meisterlich und verwandelte mit dem kleinen Neuling die unerwartete und peinliche Situation in eine wunderbare kreative Erfahrung.

Alle Zuhörer waren wie gebannt und antworteten schließlich mit brausendem Applaus. ◀

Quelle: unbekannt – leicht geändert, von Sabina Hiller
Stichwörter: Kooperation, Spontanität, Größe

DIE FREIHEIT DES MENSCHEN

Die Freiheit des Menschen liegt nicht darin,
dass er tun kann, was er will,
sondern, dass er nicht tun muss,
was er nicht will. ◀

Verfasser: Jean-Jacques Rousseau 1712 – 1778
Stichwörter: Bewusstsein, Freier Wille

GOTT ERKENNEN

In einem fernen Land lebte einst ein König, den am Ende seines Lebens Schwermut befallen hatte. „Schaut", sprach er, „ich habe in meinem Erdenleben alles erfahren und gesehen, was ein Sterblicher erleben und mit den Sinnen erfassen kann. Nur eines habe ich nicht schauen können: GOTT. Ihn möchte ich schauen!"

Der König befahl allen Ratgebern, Weisen und Priestern, ihm Gott nahe zu bringen. Schwerste Strafen wurden ihnen angedroht, wenn sie das nicht könnten. Der Regent stellte eine Frist von nur drei Tagen. Trauer bemächtigte sich der Bewohner des königlichen Palastes und alle erwarteten ihr baldiges Ende. Genau nach Ablauf der dreitägigen Frist, um die Mittagsstunde, ließ der König sie vor sich rufen. Der Mund der Weisen und Priester blieb jedoch stumm, und der König war in seinem Zorne bereit, das Todesurteil zu fällen.

Da kam ein Hirte vom Felde, der des Königs Befehl vernommen hatte, und sprach: „Gestatte mir, oh König, dass ich Euren Wunsch erfülle." „Gut", entgegnete der König, „aber bedenke, dass es um Deinen Kopf geht".

Der Hirte führte den König auf einen freien Platz und wies auf die Sonne. „Schaut hin!", sprach er. Der König erhob sein Haupt und wollte in die Sonne blicken, aber der Glanz blendete seine Augen. Er senkte den Kopf und schloss die Augen: „Willst Du, dass ich mein Augenlicht verliere?", zürnte er dem Hirten.

„Aber König, das ist doch nur ein Element der Schöpfung, ein kleiner Abglanz der Größe Gottes. Die Sonne ist ein Funke seines strahlenden Feuers. Wie wollt Ihr mit Euren schwachen, tränenden Augen GOTT schauen? Sucht ihn mit anderen Augen."

Der Einfall gefiel dem König; er sprach zu dem Hirten: „Ich erkenne Deinen Geist und sehe die Größe Deiner Seele. Beantworte mir nun meine nächste Frage: Was war vor Gott?"

Nach einigem Nachsinnen meinte der Hirt: „Zürnt mir nicht wegen meiner Bitte: Beginnt zu zählen." Der König begann: „Eins, Zwei…" „Nein", unterbrach ihn der Hirte, „nicht so; beginnt mit dem, was vor EINS kommt". „Wie kann ich das? Vor Eins gibt es doch nichts." „Sehr weise gesprochen, oh Herr. Auch vor Gott gibt es nichts."

Diese Antwort gefiel dem König noch besser als die vorhergegangene. „Ich werde Dich reich beschenken; vorher aber beantworte mir noch eine dritte Frage: „Was tut Gott?" Der Hirte bemerkte, dass das Herz des Königs weich geworden war. „Gut", entgegnete er, „auch diese Frage kann ich beantworten. Nur um eins bitte ich Euch: Lasst uns für eine Weile die Kleider tauschen."

So legte der König die Zeichen seiner Königswürde ab und kleidete damit den Hirten. Dann legte er sich selbst den unscheinbaren Rock des Hirten an und hängte sich die Hirtentasche um. Der Hirte setzte sich nun auf den Thron und ergriff das Zepter und wies damit auf den, an den Thronstufen mit seiner Hirtentasche stehenden König: „Seht Ihr, das macht Gott: Die einen erhebt er auf den Thron und die anderen heißt er heruntersteigen!"

Daraufhin zog der Hirte wieder die eigenen Kleider an. Der König aber stand versonnen da. Das letzte Wort dieses schlichten Hirten brannte in seiner Seele. Plötzlich erkannte er sich und mit Freude sprach er: „Jetzt erkenne ich Gott!" ◄

Quelle: unbekannt
Stichwörter: Einsicht, Gott/Schöpfer, Weisheit

Nicht aufgeben

Nicht aufgeben trotz großer Dunkelheit,
sondern ein kleines Licht anzünden.

Nicht mit dem Schlimmsten rechnen,
sondern mit einem kleinen Wunder.

Den Kopf nicht hängen lassen,
sondern ihn an die Schulter guter Freunde lehnen.

Die Hände nicht in den Schoß legen,
sondern sie dem Glück entgegenhalten.

Sich trotz allem nicht verschließen,
sondern die Tür zum Herzen öffnen.

Verfasser: Jochen Mariss
Stichwörter: Bewusstheit, Glück

LEBENSWEISHEIT ZUM UMGANG MIT PROBLEMEN

Eine Tochter beklagt sich bei ihrer Mutter darüber, dass ihr Leben so schwer sei und sie nicht wisse, wie sie damit klarkommen solle. Die Mutter nimmt ihre Tochter mit in die Küche.

Sie füllt drei Töpfe mit Wasser, stellt sie auf den Herd und erhitzt das Wasser.

In den einen Topf gibt sie Karotten, in den anderen Eier und in den dritten Kaffeebohnen.

Nach einigen Minuten schüttet sie die Karotten in eine Schüssel, legt die Eier auf einen Teller und schüttet den Kaffee in eine Tasse. „Was siehst du?", fragt die Mutter ihre Tochter.

„Karotten, Eier und Kaffee", antwortet diese. Die Mutter bittet die Tochter, die Karotten in die Hand zu nehmen. Diese sind weich. Sie bittet sie, die Eier zu schälen und diese sind innen hart. Und sie bittet den Kaffee zu probieren, der sehr aromatisch ist. „Was soll das?", fragt die Tochter irritiert. Die Mutter erklärt, dass die Karotten, Eier und Kaffeebohnen alle dem gleichen Einfluss, dem heißen Wasser ausgesetzt waren. Alle drei haben jedoch unterschiedlich darauf reagiert. Die Karotten waren erst hart, danach weich. Die Eier waren erst innen weich, danach waren sie innen hart. Die Kaffeebohnen haben sich aufgelöst und das Wasser in Kaffee verwandelt. „Was bist du, wenn Probleme an deine Tür klopfen, eine Karotte, ein Ei oder eine Kaffeebohne? Wie reagierst du?", fragt die Mutter ihre Tochter. „Bist du eine Karotte, die stark zu sein scheint, wenn sie jedoch mit Problemen in Berührung kommt, weich wird und ihre

Stärke verliert? Bist du ein Ei mit einem weichen Herz, das versteinert und hart wird, wenn du auf Probleme stößt? Oder bist du eine Kaffeebohne, die das heiße Wasser in Kaffee verwandelt, d.h. das Problem als Chance sieht, etwas Neues daraus entstehen zu lassen?" ◄

Quelle: unbekannt, erhalten von Jochen Feiler
Stichwörter: Bewusstheit, Chancen, Erkenntnis

WOVON DER WELTFRIEDEN ABHÄNGT

„Wir können niemals Frieden in der Welt erlangen, wenn wir die innere Welt vernachlässigen und nicht Frieden mit uns selbst schließen. Der Weltfrieden muss sich aus unserem inneren Frieden heraus entwickeln." ◄

Quelle: Seine Heiligkeit der XIV. Dalai Lama
Stichwörter: Frieden, Weltfrieden, Weisheit

DIE NACHTIGALL UND DER ADLER

Eine Nachtigall spricht zum Adler: „Adler, du König der Lüfte, du bist erfahren und weise, gib mir bitte deinen Rat." Der Adler antwortet: „Wie kann ich dir helfen, du kleiner graubrauner Vogel?"

„Schau, da oben in den Baumwipfeln", antwortet die Nachtigall, „dort sitzt der Falke, den ich so sehr begehre. Er ist so schön, anmutig, so stolz und so frei. Mein Herz sehnt sich nach ihm. Ich bin zu klein und unscheinbar, um seine Seele zu erreichen."

Der Adler antwortet: „Wenn der Falke dich nicht will, musst du andere Wege gehen. Siehst du den Spatz da drüben, der schaut schon die ganze Zeit nach dir. Nimm was du kriegen kannst, sei flexibel und kompromissbereit. Begnüge dich mit dem, was du freiwillig bekommst und genieße den Tag, anstatt deinen Träumen nachzuhängen."

Die Augen der Nachtigall sehen weiter voll Sehnsucht zur Spitze der Tanne. Der Adler runzelt strafend seine Stirn. „Gut, gut", sagt die Nachtigall. „So will ich mich anpassen, flexibel sein und Kompromisse auch gegen mich selber wagen." Der Adler schweigt.

So wendet sich die Nachtigall dem Spatzen zu und fragt: „Möchtest du mit mir zusammen sein?" Der Spatz ist entzückt, er pfeift, er jubiliert und flattert aufgeregt mit seinen Flügeln. „Ja, ja folge mir, ich will dir alles Schöne zeigen", ruft er der Nachtigall zu. Wild, wenige Meter über dem Boden umkreist der Spatz den größeren Vogel, heftig flügelschlagend, versuchend die Nachtigall in seine Welt zu verführen.

Die Nachtigall folgt dem Spatz mit hängenden Flügeln, denn sie kann seine Aufgeregtheit und sein heftiges Begehren nicht mit ihm teilen. Irgendwann kann sie das Flattern nicht mehr ertragen und schwingt sich langsam in die Luft. Empor fliegt sie, vorbei am wildgewordenen Spatzenmann und sieht, dass es dem Spatzen unmöglich ist ihr zu folgen, wie sehr er sich auch anstrengt.

Es wird Abend, die Dunkelheit senkt sich über das Land. Die meisten Laute verstummen, Ruhe kehrt ein. Der Wind, ein leichtes Raunen. Ein Lied, eine Melodie erfüllt das Dunkel. Es ist die Nachtigall. Sie hat sich entschieden: Der Spatz würde meine Stimme sterben lassen. Der Falke wahrscheinlich mein Herz. Doch von Natur aus ist es meine Stimme, die mich leben lässt, meine Lieder, die andere verzaubern und somit auch mein Herz am Leben halten.

Manchmal gibt es Nächte wo Adler und Falken ruhelos die Dunkelheit durchstreifen, froh eine Stimme zu hören, die sie nicht einsam macht. Die Nachtigall weiß um die Möglichkeiten, die ihr offen stehen, wenn sie es nur wagt sich darauf einzulassen.

Sei Dir Deiner Möglichkeiten bewusst und lass Dich nicht auf Kompromisse ein, wenn Dir Dein Herz eine andere Botschaft sendet.

Nach dieser Erkenntnis vernahm die Nachtigall eine unbekannte Singstimme und ein wunderschöner Nachtigallmann ließ sich neben ihr auf dem Ast nieder. ◀

Autor: Claus Gabriel
Stichwörter: Authentisch sein, Erkenntnis, Sehnsucht

WEM GEHÖRT ES?

Einst lebte ein berühmter Krieger, zu dem regelmäßig junge Männer kamen, um ausgebildet zu werden. Eines Tages kam ein junger Krieger zu ihm, der fest entschlossen war, der Erste zu sein, der den alten Krieger besiegen würde. Er war stark, aber auch schlau und wusste jede Schwäche seines Gegners zu seinem Vorteil zu nutzen. Er hatte die Angewohnheit, so lange zu warten, bis sein Gegner als erstes zum Angriff überging, damit er dessen Schwachpunkte erkennen und dann mit gnadenloser Kraft und Schnelligkeit zuschlagen konnte. Niemand konnte ihm bisher in einem Kampf lange Widerstand leisten.

Entgegen dem Ratschlag seiner besorgten Schüler nahm der alte Krieger die Herausforderung an. Als die beiden sich gegenüberstanden, bereit für den Kampf, begann der junge Herausforderer den alten Krieger zu beschimpfen und aufs übelste zu beleidigen. Er warf sogar buchstäblich mit Schlamm und spuckte ihm mehrmals ins Gesicht. Stundenlang ging es so weiter. Aber der alte Krieger reagierte nicht. Still und unbewegt ließ er den Sturm über sich ergehen. Als der junge Krieger sich schließlich völlig verausgabt hatte, gab er auf. Beschämt drehte er sich um und verließ den Kampfplatz. Bestürzt und enttäuscht darüber, dass ihr Meister sich in der Öffentlichkeit so sehr hatte beleidigen und erniedrigen lassen, kamen seine Schüler zu ihm und fragten: „Wie konntest Du das alles nur über Dich ergehen lassen? Solch eine Erniedrigung! Warum hast Du denn zugelassen, dass er Dich so beschimpft?" Der alte Krieger schwieg erst eine Weile, dann antwortete er: „Wenn jemand Dir etwas geben möchte, Du es aber nicht annimmst, wem gehört es dann?" ◄

Quelle: unbekannt

Stichwörter: Einstellung, Herausforderung, Sichtweisen

IN DER U-BAHN

Ich fuhr an einem Sonntagvormittag in der U-Bahn. Die Passagiere saßen still da, manche lasen Zeitung, andere waren in Gedanken verloren, einige hatten die Augen geschlossen und ruhten sich aus. Es war eine ruhige, friedliche Szene.

Dann stieg ein Mann mit seinen Kindern ein. Die Kleinen waren laut und ungestüm. Die ganze Stimmung änderte sich abrupt. Der Mann setzte sich neben mich und machte die Augen zu. Er nahm die Situation offenbar überhaupt nicht zu Kenntnis. Die Kinder schrien herum, warfen Sachen hin und her, zerrten sogar an den Zeitungen der anderen Fahrgäste herum. Sie waren sehr störend. Aber der Mann neben mir tat gar nichts.

Es war schwierig, nicht davon irritiert zu sein. Ich konnte nicht fassen, dass er so teilnahmslos war, dass er seine Kinder dermaßen herumtoben ließ und nichts dagegen tat, überhaupt keine Verantwortung übernahm. Mit aus meiner Sicht ungewöhnlicher Geduld und Zurückhaltung sprach ich ihn schließlich an: „Ihre Kinder stören wirklich sehr viele Leute hier. Könnten Sie nicht vielleicht ihre Kinder etwas mehr unter ihre Kontrolle bringen?"

Der Mann hob die Augen, als ob er sich zum ersten Mal der Situation bewusst würde, und sagte leise: „Oh, Sie haben recht. Ich sollte etwas dagegen tun. Wissen Sie, wir kommen gerade aus dem Krankenhaus, wo ihre Mutter vor einer Stunde gestorben ist. Ich weiß überhaupt nicht, was ich denken soll, und die Kinder haben vermutlich auch keine Ahnung, wie sie damit umgehen sollen." ◄

Quelle: Stephen R. Covey: Die sieben Wege zur Effektivität. Ein Konzept zur Meisterung Ihres beruflichen und privaten Lebens, München: Heyne, 1996,
Stichwörter: Sichtweisen, Trauer, Wahrnehmung

DER BAUER UND DER LIEBE GOTT

Es war einmal ein armer Bauer, der lebte fleißig und rechtschaffen in seiner kleinen Hütte und war zufrieden. Eines Tages, als er sich wieder mühte, seine kargen Felder zu bestellen, sah er plötzlich ein helles Licht vor sich und darin ein kleines Männlein, das zu ihm sprach: „Du bist immer rechtschaffen gewesen und glücklich, trotz deiner Armut und so will ich dir drei Wünsche erfüllen. Wenn du einen Wunsch hast, so rufe mich und ich werde ihn dir erfüllen!"

Der Bauer, dem kein richtiger Wunsch einfallen wollte, ging nach Hause und erzählte seiner Frau von dem wunderbaren Erlebnis. Er meinte, eigentlich brauchten sie nichts, da sie ja glücklich waren, aber seine Frau wollte gerne Königin sein und so bedrängte sie ihren Mann, sich zu wünschen, dass er König würde. Seiner Frau zuliebe rief er das Männchen und sagte seinen Wunsch, König zu werden. Da erhob sich ein Brausen in der Luft, alles drehte sich um ihn und als er wieder richtig zu sich kam, war er König in einem prächtigen Palast und seine Frau saß neben ihm als seine Königin.

Er erfreute sich an all den schönen Dingen, die das Königsein mit sich brachte und war glücklich. Doch seine Frau hatte sich schnell daran gewöhnt und wollte noch mehr. So bedrängte sie ihn, Kaiser zu werden. Er wollte eigentlich nicht, doch seiner Frau zuliebe rief er abermals das Männlein und äußerte seinen Wunsch. Da erhob sich wieder ein Brausen in der Luft, alles drehte sich um ihn und als er wieder richtig zu sich kam, war er Kaiser und seine Frau saß neben ihm als Kaiserin.

Er war zufrieden, aber seine Frau hatte sich bald an den Glanz gewöhnt und als sie eines Tages eine Audienz beim Papst hatten und sich vor ihm verbeugen mussten, da wurmte es sie, dass noch jemand höher war als sie und sie bedrängte ihren Mann, das Männlein zu bitten, Papst zu werden.

Der Bauer wollte es nicht, weil er sehr zufrieden war, aber sie drängte ihn so lange, bis er nachgab und dem Männlein seinen Wunsch vortrug. Wieder erhob sich ein gewaltiges Brausen in der Luft, alles drehte sich um ihn und als er wieder zu sich kam, war er Papst.

Er war zufrieden, aber als seine Frau sah, dass er täglich zu Gott betete, wie es seine Aufgabe war, da erkannte sie, dass noch immer einer höher stand als sie und sie drängte ihn, Gott zu werden. Er wollte nicht, denn er war glücklich und zufrieden, außerdem waren seine Wünsche verbraucht, aber sie drängte ihn so lange, bis er noch einmal das Männlein rief und seinen Wunsch sagte.

„Wenn du dir wirklich sicher bist, dass es dein Wunsch ist, Gott zu sein, dann will ich dir deinen Wunsch erfüllen, aber sei dir bewusst, dass es dein letzter Wunsch ist". Der Bauer wiederholte seinen Wunsch und es erhob sich ein solch gewaltiges Brausen wie nie zuvor in der Luft, alles drehte sich um ihn und als er wieder zu sich kam, saß er wieder als armer Bauer in seiner alten Stube.

Da erkannte er, dass man Gott nicht in Äußerlichkeiten finden kann, sondern nur in sich, denn der Eine wohnt in einem fröhlichen und rechtschaffenen Herzen und das hatte er schon immer gehabt. So war er schon immer eins mit Gott gewesen. ◄

Quelle: unbekannt
Stichwörter: Begierde, Erkenntnis, Gott

DEM GLÜCK VERTRAUEN

Vor langer, langer Zeit, lebte einmal ein armer Holzfäller. Dieser brachte seine Familie recht kümmerlich durchs Leben. Sein ganzer Stolz war sein Esel, mit dessen Hilfe er die Holzscheite in die Stadt, transportieren und verkaufen konnte.

Eines Tages war der Holzfäller wieder in der Stadt um in einer stattlichen Villa Holz abzuliefern. Während er in der Halle auf seinen Lohn wartete, sah er all den Luxus. Die kostbaren Teppiche, Kronleuchter, Gemälde und die vielen edlen Möbelstücke. „Wie kommt man wohl nur zu solchem Wohlstand?“, fragte er sich.

Bald darauf kam der Diener zurück und überreichte ihm die Dukaten für die Holzscheite. Doch all die Pracht hatte den Bauern derart verzaubert, dass er schließlich den Diener fragte: „Was macht dein Herr, dass er zu solch einem Reichtum kommt?“ – „Mein Herr“, sagte der Diener, „geht fleißig seinen Geschäften nach, abends jedoch verbringt er immer eine Stunde beim Gebet. Anschließend verbringt er eine Stunde auf seinem Sofa, raucht seine Pfeife, trinkt seinen Tee, und in Dankbarkeit und Vertrauen zieht er das Glück an.“ „Das gefällt mir!“, äußerte der Bauer, „ja, so will ich es auch machen!“

Mit seinen Dukaten in der Tasche kaufte er eine Pfeife, etwas Tabak, einen Samowar und ein bisschen guten Tee. Versorgt mit all dem, machte er sich zufrieden auf den Heimweg.

Erwartungsvoll empfing ihn seine Frau und wollte wissen, ob er etwas zum Essen mitgebracht habe?

Daraufhin packte der Holzfäller stolz seine Einkäufe aus. „Ja, bist du denn verrückt geworden, Mann!?“, schrie die Frau. „Wir haben nichts zu essen. Und du!? Du kaufst eine Pfeife, Tabak, einen Samowar und auch noch Tee dazu! Was ist dir denn da eingefallen?“

„Das verstehst du nicht, Frau, aber ich will es dir erklären: Ich werde es genauso machen wie der reiche Geschäftsmann dem das Glück zufällt." „Du spinnst, mein lieber Mann!", fuhr ihn da seine Frau an. „Mir scheint, die viele Arbeit hat dich um den Verstand gebracht!?"

Unterdessen kam der Nachbar, ein richtiger Geizhals, des Weges, und erblickte den herrenlosen Esel vor der Tür. Er dachte bei sich: „Das Tier braucht gerade sowieso niemand. Den leihe ich mir kurz aus, so muss ich die schweren Säcke mit den Torfziegeln nicht selber schleppen." Er nahm den Esel mit zur Torfgrube, füllte einen Sack nach dem anderen mit Torf an und packte diese dem Esel auf den Rücken.

Als er mit der Arbeit fast fertig war, stieß er mit dem Spaten plötzlich auf etwas Hartes. Neugierig grub der Mann weiter, bis eine Kiste zum Vorschein kam. Als er den schweren Eisendeckel öffnete, erblickte er einen riesigen Goldschatz! Dem Geizkragen blieb vor lauter Freude und Habgier schier das Herz stehen. Geschwind leerte er die Torfsäcke wieder aus und befüllte diese mit dem wertvollen Gut. Obenauf legte er noch ein wenig Torf, um den Schatz vor den Blicken Fremder zu verstecken. In der Kiste war jedoch so viel Gold, dass die mitgebrachten Säcke dafür gar nicht ausreichten. „Was soll ich nur machen? Wenn ich jetzt mit den vollen Säcken nach Hause gehe und sie dort ausleere, könnte inzwischen ein Anderer hierher kommen und den Rest des Schatzes mitnehmen." Schließlich hat er vor lauter Habsucht beschlossen, davon so viel wie möglich in seine Taschen zu stopfen. Als er jedoch noch einmal in die Torfgrube kletterte und die Edelsteine sogar noch beim Hemdkragen hineinstopfte, brach plötzlich das Loch in sich zusammen, und die herabstürzende Erde begrub den Mann unter sich.

Der schwer beladene Esel machte sich auf den Heimweg. Mit lautem „Iaahh! Iaahh!" machte er sich beim Holzfäller und seiner Frau bemerkbar. „Was ist denn mit dem Esel,

Mann?", fragte die Frau. „Der ist ja noch nicht einmal abgeladen! Geh hinaus und nimm ihm wenigstens die schweren Säcke ab." „Nein, nein", erwiderte der Bauer, „ich bleib da sitzen, trink' meinen Tee, rauch' meine Pfeife und vertraue auf das Glück." „Der arme Mann", sagte die Frau zu sich selber, „wer weiß, ob er jemals wieder der Alte sein wird. Der ist wohl viel schlimmer dran, als ich gedacht habe." So ging sie schließlich selber hinaus und wunderte sich nicht schlecht, was ihr Mann wohl mit den Torfziegeln vor hatte? Gedankenverloren wollte sie die Säcke ausleeren, als ihr einige Goldmünzen entgegenklimperten. Und auf einmal lag der ganze Schatz vor ihr. Die Bäuerin traute ihren Augen nicht. „Geschwind, Mann! Komm heraus, und schau dir diesen Schatz an!" Schließlich bequemte er sich doch und kam in aller Ruhe heraus. „Jetzt schau dir das an!", sagte seine Frau zu ihm ganz aufgelöst, „weißt du, woher das kommt? Oder weißt Du, was das ist!?" „Woher das kommt? Das weiß ich nicht", hat der Bauer gesagt, „Aber ich weiß, wenn man dem Glück vertraut, dann kann es kommen." ◀

Quelle: unbekannt, leicht abgeändert von Gisela Rieger
Stichwörter: Belohnung, Dankbarkeit, Vertrauen

DIE WAHRHEIT

In dir selbst liegt die Wahrheit.

Niemand findet sie, der sie in äußeren Dingen sucht. ◀

Verfasser: Meister Eckhart, 1260–1328 ,Theologe und Philosoph
Stichwörter: Wahrheit, Weisheit

ES LIEGT IN DEINER HAND

Es liegt sehr oft nur an uns,
unserem Alltag die kleinen Lichttupfer zu geben,
die alles heiterer machen.

Wenn unser Herz bereit ist,
Glücksmomente aufzunehmen,
werden wir erstaunt sein,
wie viel glückliche Augenblicke auf uns zukommen.

Verfasser: Aenne Burda
Stichwörter: Glück, Lebensqualität

FALLS DU GLAUBST...

„Falls Du glaubst, dass Du zu klein bist um etwas zu bewirken,
dann versuch mal zu schlafen, wenn ein Moskito im Zimmer ist…"

Quelle: Dalai Lama
Stichwörter: Erkenntnis, Selbstbild

DIE GESCHICHTE VON DEN UNGLEICHEN ZWILLINGEN

Es waren einmal Zwillinge, die glichen sich äußerlich wie ein Ei dem anderen. Ansonsten waren sie aber vollkommen verschieden.

Wenn es dem einen zu heiß war, war es dem anderen zu kalt. Wenn der eine sagte: „Die Musik ist zu laut", wollte der andere die Musik noch lauter. Und der auffälligste Unterschied zwischen den beiden war der, dass der eine von ihnen zu jeder Stunde optimistisch und zuversichtlich war, während sich der andere immer schlecht gelaunt und pessimistisch gab.

Als sie nun eines Tages Geburtstag hatten, wagte der Vater der Zwillinge ein Experiment: Er wartete am Vorabend des Geburtstages so lange, bis seine Söhne eingeschlafen waren, und machte sich dann heimlich ans Werk.

Er füllte das Zimmer des Pessimisten bis unter die Decke voll mit den schönsten Geschenken: Spielzeug, Sportgeräte, technische Geräte und vieles mehr. Dem Optimisten aber legte er nur einen stinkenden Haufen Pferdeäpfel ins Zimmer – sonst nichts. Nun war er gespannt, was passieren würde.

Am nächsten Morgen schaute der Vater zuerst ins Zimmer des Pessimisten. Er fand ihn laut klagend am Boden sitzen, inmitten der ganzen wundervollen Geschenke.

„Warum weinst du denn?", fragte der Vater.

„Erstens, weil meine Freunde neidisch sein werden, zweitens, weil ich die ganzen Gebrauchsanleitungen lesen muss, bevor ich mit den Geschenken etwas anfangen kann, drittens, weil ich für die meisten dieser Spielsachen ständig neue Batterien brauchen werde und viertens, weil im Lauf der Zeit bestimmt ein paar von den Spielsachen kaputtgehen werden!"

Darauf ging der Vater in das Zimmer des optimistischen Zwillings. Dieser hüpfte vor Freude um die Pferdeäpfel herum.

„Warum bist du denn so fröhlich?", fragte der Vater.

„Ganz einfach", antwortete dieser, „weil irgendwo im Haus ein Pony sein muss!"

Verfasser: unbekannt
Stichwörter: Geburtstag, Geschenk, Lebenseinstellung

DER OPTIMIST

„Der Optimist sieht in jeder Schwierigkeit eine Gelegenheit.

Der Pessimist sieht in jeder Gelegenheit eine Schwierigkeit."

Verfasser: Günter Gross
Stichwörter: Optimist, Pessimist

DER LÖWE UND DIE MAUS ...

Ein Löwe schlief im Schatten eines Baumes, als ihm eine kleine Maus über die Pranken lief. Erschrocken wachte der Löwe auf und wollte die Maus verschlingen. In ihrer Angst sagte die Maus zu ihm: „Was hast du davon, wenn du mich frisst? Ich werde dich nicht sättigen. Lässt du mich aber laufen, so gewinnst du in mir einen Freund für dein Leben!"

Der Löwe lachte: „Wann werde ich dich Winzling schon einmal brauchen!? Aber lauf nur, kleiner Freund! Wenn ich dich nötig habe, werde ich dich rufen."

Eines Tages verfing sich der Löwe in einem Netz. Je mehr er sich zu befreien versuchte, desto enger zogen sich die Fäden um seinen Körper. Da brüllte der Löwe laut in seiner Not. Sogleich kam die kleine Maus, zernagte Masche um Masche des Netzes und befreite ihren großen Freund. ◀

Autor: unbekannt
Stichwörter: Fähigkeit, Hilfsbereitschaft, Weitblick

DAS HOCHZEITSGESCHENK

Die Brautleute hatten nicht viel Geld, aber dennoch waren sie der Meinung, dass viele Menschen mitfeiern sollten. Geteilte Freude ist doppelte Freude, dachten sie. Es sollte ein großes Fest werden, beschlossen sie, mit vielen Gästen.

Denn warum sollte unsere Freude nicht ansteckend sein? – fragten sie sich. Es herrscht unter den Menschen ohnehin mehr Leid als Freude. Also baten sie die Eingeladenen, je eine Flasche Wein mitzubringen.

Am Eingang würde ein großes Fass stehen, in das sie ihren Wein gießen könnten; und so sollte jeder die Gabe des anderen trinken und jeder mit jedem froh und ausgelassen sein. Als nun das Fest eröffnet wurde, liefen die Kellner zu dem großen Fass und schöpften daraus.

Doch wie groß war das Erschrecken aller, als sie merkten, dass nur Wasser in dem Fass war. Versteinert saßen oder standen sie da, als ihnen bewusst wurde, dass jeder gedacht hatte: Die eine Flasche Wasser, die ich hinein gieße, wird niemand merken oder schmecken. Nun aber wussten sie, dass jeder so gedacht hatte: Heute will ich mal auf Kosten anderer feiern. Unruhe, Unsicherheit und Scham erfasste alle, nicht nur, weil es lediglich Wasser zu trinken gab.

Und als um Mitternacht das Flötenspiel verstummte, gingen sie alle schweigend nach Hause, und jeder wusste: Das Fest hatte nicht stattgefunden. ◄

Quelle: Chinesische Parabel
Stichwörter: Aufrichtigkeit, Egoismus, Erkenntnis

AUF DER SUCHE NACH DEM BUDDHA

Buddha reiste durch die Welt, um seine selbsternannten Schüler zu treffen und ihnen von der Wahrheit zu berichten.

Wo immer er sich auch aufhielt, immer strömten die Leute, die an sein Wort glaubten, in Scharen herbei, um ihm zuzuhören, ihn zu berühren oder zu sehen, und sei es auch nur dies eine Mal in ihrem Leben.

Vier Mönche, die erfahren hatten, dass der Buddha irgendwann auch nach Vaali kommen würde, luden ihre Siebensachen auf ihre Maultiere und machten sich auf die Reise, die, wenn alles gutging, einige Wochen dauern würde.

Einer von ihnen kannte sich nicht gut aus, er heftete sich an die Fersen der anderen.

Nach drei Tagen wurde die Gruppe von einem gewaltigen Sturm überrascht. Die Mönche beschleunigten ihr Tempo und gelangten in ein Dorf, wo sie Unterschlupf fanden, bis der Sturm vorbei war.

Der letzte aber erreichte das Dorf nicht rechtzeitig und musste etwas außerhalb Zuflucht im Haus eines Schäfers suchen. Der Schäfer gab ihm Kleidung, Verpflegung und ein Dach über dem Kopf für die Nacht.

Bevor er am nächsten Morgen aufbrach, wollte sich der Mönch noch von seinem Wohltäter verabschieden. Doch der Sturm hatte die Schafe verscheucht, und der Schäfer war damit beschäftigt, sie wieder zusammenzutreiben.

Der Mönch überlegte, dass seine Mitbrüder eventuell schon das Dorf verlassen hätten und er sie sicherlich nicht mehr einholen konnte, wenn er sich nicht beeilte. Aber es schien ihm unmöglich, seine Reise fortzusetzen und den Schäfer, der ihm Kost und Logis gewährt hatte, seinem Schicksal zu überlassen. Also beschloss er zu bleiben, bis sie gemeinsam alle Schafe wieder eingefangen hätten.

Erst drei Tage später konnte er sich eilig auf den Weg machen, um Anschluss an seine Gefährten zu finden.

Auf den Spuren der anderen machte er an einem Bauernhof halt, um seinen Wasservorrat aufzufrischen.

Eine Frau zeigte ihm, wo der Brunnen war, und entschuldigte sich, ihm nicht recht behilflich sein zu können, denn sie müsse ihre Ernte einbringen. Während der Mönch sich anschickte, seine Maultiere zu tränken und seine Wasserschläuche zu füllen, schilderte sie ihm, wie schwierig es für sie und ihre Kleinen nach dem Tod ihres Mannes war, die Felder abzuernten, bevor das Korn verdarb.

Der Mönch erkannte, dass es die Frau allein niemals schaffen konnte, die gesamte Ernte innerhalb gebotener Zeit einzubringen, aber er wusste auch, dass er, wenn er bliebe, die Spur verlieren und nicht in Vaali sein würde, wenn der Buddha dort ankäme.

„Dann sehe ich ihn eben ein paar Tage später", dachte er, denn er wusste, dass Buddha erst in ein paar Wochen von Vaali aufbrechen würde.

Nach drei Wochen war die Ernte eingebracht, und der Mönch begab sich wieder auf die Reise.

Da erfuhr er, dass Buddha Vaali bereits verlassen hatte und zu einem Dorf im Norden unterwegs war.

Der Mönch änderte seine Route und trieb sein Maultier in Richtung dieses Dorfes an.

Er hätte dort hinkommen und ihn wenigstens sehen können, doch auf dem Weg musste er einem älteren Paar zu Hilfe eilen, das stromabwärts trieb und ohne seinen Beistand dem sicheren Tod ins Auge geblickt hätte. Als die beiden Alten wieder bei Kräften waren, nahm er seinen Pfad wieder auf, da er wusste, dass Buddha seine Reise fortsetzte.

Zwanzig Jahre lang folgte der Mönch Buddha auf seinem Weg. Jedes Mal, wenn er in seine Nähe gelangte, kam es zu einem Zwischenfall, der seine Reise unterbrach. Immer gab es da jemanden, der seine Unterstützung brauchte und ihn unwissentlich davon abhielt, rechtzeitig bei Buddha einzutreffen.

Schließlich hörte der Mönch, dass Buddha an seinen Geburtsort zurückkehren wollte, um dort zu sterben.

„Das ist meine letzte Gelegenheit", dachte er bei sich. „Wenn ich nicht selbst sterben will, ohne Buddha vorher gesehen zu haben, darf ich jetzt nicht mehr vom Weg abkommen. Jetzt gibt es nichts Wichtigeres mehr, als Buddha zu treffen, bevor er das Zeitliche segnet. Danach wird es noch genügend Gelegenheiten geben, anderen zu helfen."

Auf seinem Maultier machte er sich mit dem restlichen Proviant auf die Reise.

Am Morgen, bevor er das Dorf erreichte, stolperte er fast über einen verletzten Hirschen. Er kümmerte sich um ihn, gab ihm zu trinken und bedeckte seine Wunden mit frischer Tonerde. Der Hirsch schnappte verzweifelt nach Luft, da ihm schon mehr und mehr der Atem wegblieb.

Aber weit und breit war kein Mensch in Sicht.

Behutsam bettete er das Tier gegen einen Felsen, um seinen Weg fortzusetzen, er ließ ihm Wasser und Futter in Reichweite seiner Schnauze da und erhob sich zum Gehen.

Er hatte kaum zwei Schritte getan, da wusste er, dass er Buddha nicht vor die Augen treten konnte und im tiefsten Herzen wissen, dass er ein sterbendes Wesen sich selbst überlassen hatte …

Also sattelte er das Maultier wieder ab und blieb, um die arme Kreatur zu pflegen. Die ganze Nacht lang wachte er über den Schlaf des Hirschen, als handelte es sich um ein Kind. Er gab ihm zu trinken und wechselte die Umschläge auf seiner Stirn.

Als der Morgen graute, hatte das Tier sich erholt.

Der Mönch stand auf, setzte sich an einen verborgenen Ort und weinte … Schließlich hatte er auch die letzte Gelegenheit verstreichen lassen.

„So habe ich Dich nie treffen können“, sagte er laut.

„Such nicht weiter nach mir“, sagte eine Stimme hinter ihm, „denn du hast mich bereits getroffen.“

Der Mönch drehte sich um und sah, wie sich der Hirsch mit Licht füllte und die rundliche Form Buddhas annahm.

„Du hättest mich verloren, wenn du mich heute Nacht hättest sterben lassen, um mich im Dorf zu treffen … Und, was meinen Tod angeht, so sei unbesorgt: Solange es Menschen wie dich gibt, die sich jahrein, jahraus auf die Suche nach mir begeben und unterdessen zugunsten anderer auf ihre eigenen Bedürfnisse verzichten, kann Buddha nicht sterben. Denn genau das ist Buddha. Buddha ist in dir.“ ◄

Quelle: Aus „Komm, ich erzähl dir eine Geschichte“ von Jorge Bucay
Stichwörter: Barmherzigkeit, Gott/Schöpfer, Hilfsbereitschaft, Nächstenliebe

DER 50 EURO SCHEIN

Zu guter Letzt möchte ich Ihnen ein Beispiel geben, wie ich „Geschichten" in meiner Arbeit und Seminaren einbaue.

Die ursprüngliche Geschichte:

Ein wohlbekannter Sprecher startete sein Seminar, indem er einen 50 €-Schein hoch hielt. In dem Raum saßen insgesamt 200 Leute. Er fragte: „Wer möchte diesen Schein haben?"

Alle Hände gingen hoch. Er sagte:
„Ich werde diesen 50 € Schein einem von Euch geben, aber zuerst lasst mich eins tun."

Er zerknitterte den Schein. Dann fragte er:
„Möchte ihn immer noch einer haben?" Die Hände waren immer noch alle oben.

Also erwiderte er:
„Was ist, wenn ich das tue?" Er warf ihn auf den Boden und rieb den Schein mit seinen Schuhen am dreckigen Untergrund. Er hob ihn auf, den Schein; er war zerknittert und völlig dreckig. „Nun, wer möchte ihn jetzt noch haben?" Es waren immer noch alle Arme in der Luft.

Dann sagte er:
„Liebe Freunde, wir haben soeben eine sehr wertvolle Lektion gelernt. Was auch immer mit dem Geld geschah, ihr wolltet es haben, weil es nie an seinem Wert verloren hat. Es war immer noch und stets 50 € wert. Es passiert oft in unserem Leben, dass wir abgestoßen, zu Boden geworfen, zerknittert, und in den Dreck geschmissen werden.

Das sind Tatsachen aus dem alltäglichen Leben. Dann fühlen wir uns, als ob wir wertlos wären. Aber egal was passiert ist oder was passieren wird: Du wirst niemals Deinen Wert verlieren."

Quelle: unbekannt
Stichwörter: Bewusstheit, Erkenntnis, Lebensqualität, Werte

MEINE VARIANTE

Ich frage meine Teilnehmer, wer einfach mal so 10 € geschenkt haben möchte.

Natürlich melden sich in der Regel alle – dann zerknittere ich den Schein – werfe diesen zu Boden und trete darauf – tue so, als ob ich den Schein einreißen würde – beschimpfe diesen – tue, als ob ich diesen anspucken würde …

Zwischendurch frage ich immer wieder, ob der Schein in diesem Zustand immer noch gefragt ist. – Doch nach wie vor möchten alle diesen noch haben – dann halte ich noch einen ganz neuen, sauberen, glatten 10 € Schein hoch, um den Vergleich zu demonstrieren. Auf die Frage warum die Teilnehmer den „verunstalteten" Schein immer noch haben wollen, – kommt immer dieselbe Antwort: „Egal, was mit dem Geldschein auch geschehen ist – dieser verliert ja nie an seinem Wert!"

Dann bestätige ich meinen Teilnehmern, wie recht sie doch haben – und genauso ist es mit uns – wir werden auch zu Boden geworfen, abgestempelt, beschimpft, abgewertet, betrogen, falsch verstanden, ins kalte Wasser geworfen, ungerecht behandelt …

Manchmal fühlen wir uns dann, als ob wir „wertlos" wären.

Jedoch, ganz egal was uns von außen geschieht, wir verlieren NIE unseren Wert!

Deshalb wünsche ich Ihnen, dass Sie NIE vergessen, welch einzigartiger und wertvoller Mensch Sie sind.

Herzlichst Ihre

Gisela

STICHWORTVERZEICHNIS

AUTORIN

Gisela Rieger lebt seit 2008 im Chiemgau und leitet – inspiriert von der herrlichen Berg- und Seenlandschaft – Firmentrainings, Seminare, Workshops und Vorträge, vor allem im Bereich Team- und Persönlichkeitsbildung. Ihre Methodik ist individuell auf das Team und den einzelnen Menschen zugeschnitten, erlebnisorientiert und facettenreich.

Es ist Teil ihrer Lebensphilosophie geworden, Menschen auf vielfältige und wirksame Weise in ihren Entwicklungsprozessen zu unterstützen und zu begleiten.

Sie folgt dabei ihrer natürlichen Berufung und Leidenschaft als Teamtrainerin, professionell und mit offenen Herzen, in Teams wieder ein erfolgreiches, harmonisches Miteinander zu schaffen.

Dipl. erlebnisorientierte Teamtrainerin (CP)
Zertifizierte Systemische Beraterin (Univ.)
Persönlichkeitstrainerin
Coach und Autorin

Gisela Rieger
1968 geb. in Eggenfelden

Kontakt: www.gisela-rieger.de
info@gisela-rieger.de